新装版 **中国語**

四字成語 +ことわざ **800**

慣用表現

林 怡州 著
Lin　Yizhou

三修社

はじめに

　洋の東西を問わず、それぞれの国には、人々の生活に根ざした知恵や歴史、文化が集約された熟語があります。一衣帯水の日中両国には共通する四字成語・慣用表現が多く、「温故知新」「四面楚歌」「一石二鳥」「百聞は一見にしかず」などは、同じ漢字文化圏の日本人にとっても、大変なじみ深いものでしょう。

　中国人なら誰もが知っていることわざの"三个臭皮匠，赛过诸葛亮 sān ge chòupíjiàng, sàiguò ZhūgěLiàng"と"说曹操，曹操就到 shuō CáoCāo, CáoCāo jiù dào"には、『三国志』の登場人物である諸葛孔明と曹操の名前が含まれています。直訳はそれぞれ「平凡な人でも三人集まれば、諸葛孔明にも負けない」「曹操の話をしていると曹操が現れる」で、日本語の対訳は「三人寄れば文殊の知恵」「うわさをすれば影」となります。こうした意味や表現の違いを知ることは実に面白いと思います。

　中国語の四字成語や慣用表現は、漢字一字一字のもつ意味を知っていても直訳では意味がわからず、イメージを捉えにくいことがほとんどです。また、中国人は日本人以上に日常会話で四字成語や慣用表現を使って話をしています。したがって、本書を学習することにより、中国語の表現力がより豊かになって会話の幅が広がり、それによって中国の生活習慣や文化に対する理解も一層深まっていくことでしょう。

　また、中国語検定中級以上のレベルを目指すには、本書の四字成語や慣用表現などの習得が必須となっています。こうしたことが、本書を執筆するきっかけとなりました。

言語は思想の表れであり、社会現象でもあります。中国語の熟語は生活の知恵の結晶ともいえるのです。本書では多くの中国語四字成語や慣用表現の中から、中国語検定で出題された熟語でとりわけ身近な項目を選び、日本語訳をつけました。

　この『中国語四字成語・慣用表現』を無理なく１日２ページずつ学習していくことができれば、約２カ月でマスターできます。本書の会話で使われている例文を参考にしながら、付属の CD を繰り返し聴くことで、中国語独特の表現が自然と身についていくことでしょう。

　本書を第一ステップとして、さらなる高いレベルを目指していかれることを、願ってやみません。

　本書の出版に際して、多くの方々にご協力いただいたことを心より感謝申し上げます。

著　者

四字成語・慣用表現とは

　長い歴史をもつ中国には、熟語が豊富にあることは容易に想像できると思います。中国語のいわゆる熟語 shúyǔ とは、成语 chéngyǔ「四字成語」、慣用语 guànyòngyǔ「慣用表現」のほか、谚语 yànyǔ「ことわざ」および歇后语 xiēhòuyǔ「しゃれ言葉」を指します。熟語は単なる言葉だけでなく、文化や歴史に深くかかわり、日常生活の至るところで使われています。中国語の表現を最も効率よく、かつ内容を豊かに表現できることが特徴です。ここでは、それぞれの熟語がどのようなものか、簡単に説明します。

　成語は、一般に４文字からなっていますが、まれに４文字でない成語もあります。成語は動物（パート①）や、数字（パート②）、社会諸相や名著からの出典など、中国の古今のことが忠実に映し出されています。「四面楚歌」「呉越同舟」の歴史名場面から、「塞翁が馬」「光陰矢のごとし」という座右の銘まで、成語の生命力は極めて強く、時の隔たりを感じさせることはありません。時代が移り変わっても、私たちにメッセージを発信しつづけています。

　慣用表現は成語の固いイメージと違って生活に密接し、日常会話でよく用いられます。しゃれ言葉はさらに親しい間柄の会話で使うのが一般的です。慣用表現の文字数は決まっていませんが、成語とは逆に４文字であることはまれで、３文字のパターンが多くみられます。また、慣用表現は世相を風刺したり、相手を批判したりするなどの表現が多く含まれているため、穷光蛋 qióngguāngdàn「一文なし」や开后门 kāi hòumén「便宜を与える」のように、どちらかというとネガティブな表現が主流です。

日本と中国は長きにわたる文化交流によって、両国で使用される熟語には似たものがたくさんあります（パート⑥）。しかし、起源を同じとする熟語も、長い年月が経過する間に日中間で微妙な差が生まれています。例えば、「良妻賢母」は日本では「よい妻・賢い母」ですが、中国の場合は贤妻良母 xián qī liáng mǔ「賢い妻・よい母」になります。また「一刀両断」のように、「思い切った処置をとること（日本語）」と「きっぱり関係を絶つこと（中国語）」など、注意を要するものもあります。しかし、中国と同じ漢字文化圏である日本の学習者は、ほかの国と比べれば格段に中国語の熟語を習得しやすく、恵まれた環境にあるといっても過言ではありません。

　歴史や伝統を重んじる中国人はあいさつから説教まで、日常の至るところで熟語を使用します。これは単に知識のひけらかしや格好つけなどではなく、長々と状況を説明するよりも、そのものずばりと言い切ることのできる簡便さや人々を魅了するユーモアが混在するからだといえます。しかし、どんな辞書でも中国語の熟語をすべて網羅することはできません。本書では、市井庶民ひいては子供も常用する熟語を取り上げました。庶民に身近な存在である熟語は、中国語の表現力を豊かにする鍵になるに違いありません。

　老马识途 lǎo mǎ shí tú「経験を積んだ者は判断が正しい」という古き中国の「敬老」の伝統のように、先人の知恵や教えは決して古臭いものではなく、我々の无价之宝 wú jià zhī bǎo「かけがえのない宝物」なのです。

本書の特長と使い方

本書は、話し言葉でよく使われる四字成語と、直訳では意味を理解することが難しい慣用表現、さらに中国人なら誰でも知っていることわざを紹介する本です。和訳と直訳を含んだ解説に加えて、よく使われる重要な表現には「類似表現」「反対表現」「参考表現」をつけ、800の四字成語・慣用表現・ことわざを相互に関連させて掲載しています。

●パート①〜③

- 「パート①」から「パート③」では、四字成語や慣用表現、ことわざを含む会話でさまざまな表現を学習します。会話で紹介するので、その表現の使われる場面やニュアンスがよくわかります。

- このページで学習する四字成語または慣用表現とその和訳を掲載しています。
- CDのトラック番号。CDには「パート①」から「パート③」の中国語表現とその和訳、中国語表現を使った会話を収録しました。

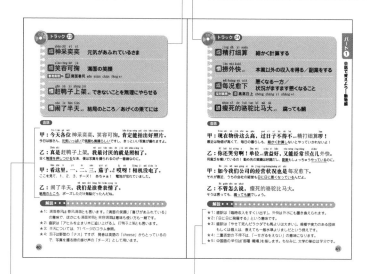

- 3つから4つの四字成語や慣用表現、ことわざを含む会話です。どんな場面で使われているのか想像しながら読んで、聞いてください。

- 直訳や由来、意味やニュアンスなどを解説しています。

●アイコンの意味

成 ⇒四字成語

慣 ⇒慣用表現

諺 ⇒ことわざ

歇 ⇒歇后語（中国語のしゃれ言葉）

類似表現 ⇒意味が等しい、または類義語

反対表現 ⇒意味が対照である反義語

参考表現 ⇒見出し語に関連のある表現

●パート④

パート④では、80 の慣用表現とことわざ
を直訳と用例とともに紹介しています。

●パート⑤

パート⑤では、80 の四字成語を用例と
それぞれ関連する表現とともに紹介しています。

●パート⑥

パート⑥では、日本語の四字熟語やことわざに、意味も漢字も類似している表現を 160 掲載
しています。また、パート①～⑤の中に、その表現に関連した表現がある場合は参照ページを
掲載して関連づけています。

●ピンインについて

本書のピンイン表記（中国語表音のローマ字）は、原則として『現代漢語詞典』（商務印書館）
を基準としますが、"一" および "不" の声調は実際の発音に則して掲載しています。
また、「離合詞」はピンインに "/" を入れて表しています。

目次 ✏

パート4
用例で覚えよう―慣用表現・ことわざ

パート5
用例で覚えよう—四字成語

パート6
中国語と日本語の類似表現

●スタッフ●

イラスト　　　谢骏翔（Xie Junxiang）
編集協力　　　肖卫华（Xiao Weihua）／
　　　　　　　増田真意子／杉原航太／須藤靖子
ナレーション
　　　　　　　李 軼倫（Li Yilun）／盧 思（Lu Si）／
　　　　　　　林 怡州（Lin Yizhou）／都さゆり
編集・DTP　（株）エディポック

パート1

会話で覚えよう
ー動物編

騎虎难下

慣 瞎猫碰上死耗子 ★1　全くの偶然
xiā māo pèng shang sǐ hào zi

類似表現 → 成 歪打正着 wāi dǎ zhèng zháo (→P.33)

慣 打马虎眼 ★2　いい加減に事を済ませる
dǎ mǎ hu yǎn

成 漫不经心　うわの空
màn bù jīng xīn

類似表現 → 成 心不在焉 xīn bú zài yān (→P.51)

成 学以致用　学んだことを実際に役立てる
xué yǐ zhì yòng

会話

甲：这次考试真是瞎猫碰上死耗子，竟拿了满分。
Zhèi cì kǎo shì zhēn shì　　　　　　　jìng ná le mǎn fēn
今回の試験はほんとに棚からぼたもちでね、なんと満点だったんだ。

乙：学习可不能打马虎眼，老碰运气也不是办法。
Xué xí kě bù néng　　　　　lǎo pèng yùn qi yě bú shì bàn fǎ
小手先の勉強はいけないよ。運任せというのは、勉強法ではないのだから。

甲：别看 ★3 我平时漫不经心的，一读起书来比谁都认真。
Bié kàn　　wǒ píng shí　　　　　de　　yì dú qǐ shū lái bǐ shéi dōu rèn zhēn
僕はふだん注意散漫に見えるけど、勉強し始めたら誰よりもまじめなんだ。

乙：最重要的还是要学以致用，这样才不会成了书呆子。
Zuì zhòng yào de hái shi yào　　　　　zhè yàng cái bú huì chéng le shū dāi zi
ただのガリ勉にならないよう、勉強したことを役立てることが一番大事だね。

解説 •

★1：直訳は「失明した猫が死んだねずみに出くわす」、つまり「まぐれ当たり」。
　　耗子はねずみのことで、老鼠 lǎoshǔ とも言います。

★2：马虎に関しては、43 ページのコラム「十二支と马马虎虎」を参照。

★3：别看の意味は「見ないで」。ここでは「こう見えても」という意味です。

bú duì jìnr
慣 不对劲儿　　おかしい／しっくりこない

niú tóu bú duì mǎ zuǐ
慣 牛头不对马嘴★1　つじつまが合わない

類似表現 ➡ **慣** 驴唇不对马嘴 lǘchún bú duì mǎzuǐ

ài mò néng zhù
成 爱莫能助　　助けたいが、力が足りない

類似表現 ➡ **成** 心有余而力不足 xīn yǒu yú ér lì bù zú（→P.124）

dǎ tuì táng gǔ
慣 打退堂鼓★2　途中で取りやめる

会話

Nín hǎo　Qǐng shū rù mì mǎ
行员：您好！请输入密码★3。
いらっしゃいませ！　こちらにパスワードを入力してください。

Zhè hào mǎ hǎo xiàng tài gǎn jué de
客人：这号码好像不太对劲儿，感觉牛头不对马嘴的。
この番号は何か違うかも、どうも間違ってる気がする。

Duì bu qǐ nín de mì mǎ bú duì wǒ men yě shì
行员：对不起，您的密码不对，我们也是爱莫能助。
申し訳ありません、暗証番号が違っていますので、私たちにもどうにもできません。

Kàn yàng zi jīn tiān zhǐ hǎo le
客人：看样子今天只好打退堂鼓了。
それじゃあ、今日はあきらめて帰るしかないね。

解説 ● ● ●

★1：直訳は「牛の頭は馬の口にかみ合わない」、つまり「とんちんかんである」という意味です。類似表現の驴は「ロバ」の意味です。

★2：直訳は「退場を知らせる太鼓を打つ」。転じて「途中で断念する」の意味です。

★3：中国の銀行では現在、取款 qǔ/kuǎn「引出し」をする際には図章 túzhāng「印鑑」を使わず、密码「暗証番号」の入力が必要です。

成 **一见钟情** yí jiàn zhōng qíng 一目ぼれ

類似表現 ➡ 成 **一见倾心** yí jiàn qīng xīn

慣 **费了九牛二虎之力** fèi le jiǔ niú èr hǔ zhī lì 多大な努力の末の例え

成 **胡说八道** hú shuō bā dào でたらめを言う／嘘八百

類似表現 ➡ 慣 **乱弹琴** luàntánqín ★1

諺 **有情人终成眷属** yǒu qíng rén zhōng chéng juàn shǔ ★2 相思相愛のカップルが
ついに夫婦になった

会話

女儿：爸，你和妈是一见钟情结的婚吧?
Bà nǐ hé mā shì jié de hūn ba
お父さん、お父さんとお母さんは、一目ぼれで結婚したの？

爸爸：没这回事，我费了九牛二虎之力才★3把你妈追到手的。
Méi zhè huí shì wǒ cái bǎ nǐ mā zhuī dào shǒu de
そうじゃないさ、父さんは一生懸命努力して、やっとお前の母さんと結婚できたんだよ。

妈妈：别听你爸胡说八道。
Bié tīng nǐ bà
お父さんのでたらめなんか信じちゃだめよ。

儿子：妈！要照我说，这就叫有情人终成眷属。
Mā Yào zhào wǒ shuō zhè jiù jiào
お母さん！ そういうのを、運命の赤い糸で結ばれた2人って言うんだと、僕は思うな。

解説 ● ● ●

★1：直訳は「やたらと琴を弾く」。転じて「でたらめなことを言ったり、よく考
　　えずにとんでもないことをする例え」として使います。

★2：眷属はもともと「家族」の意味で、ここでは「夫婦」を指します。

★3：才は用法の多い副詞です。上述の会話文では「やっとの思いで」「かろうじて」
　　のニュアンスで使われ、才の後ろの部分を強調します。

20

成 **夫唱妇随**★1 fù chàng fù suí
夫唱婦随／仲むつまじい夫婦(→P.150)

慣 **气管炎**★2 qì guǎn yán
恐妻家／かかあ天下

類似表現 ➡ 慣 **怕老婆** pà lǎopo

慣 **母老虎** mǔ lǎo hǔ
気が強く怖い女性の例え

成 **人不可貌相** rén bù kě mào xiàng
人は見かけによらぬもの

類似表現 ➡ 成 **海水不可斗量** hǎishuǐ bùkě dǒuliáng

会話

甲：**你看这小两口**夫唱妇随**的，多恩爱呀！** Nǐ kàn zhè xiǎoliǎng kǒu de duō ēn ài ya
見なよ、あの若い夫婦は夫唱婦随って感じで、仲良さそうじゃないか！

乙：**这您可看走眼**★3**了，那男的可是个气管炎。** Zhè nín kě kàn zǒu yǎn le nà nán de kě shì ge
それはあなたの見間違いですよ。あの男の人、実は恐妻家なんですから。

甲：**女的看起来温温柔柔**★4**的，没想到还是只母老虎哇！** Nǚ de kàn qǐ lai wēn wen róu róu de méi xiǎng dào hái shì zhī wa
彼女は見た感じとても優しそうなのに、そんな怖い奥さんには見えないよ！

乙：**这就叫人不可貌相嘛。** Zhè jiù jiào ma
それが人は見かけによらぬもの、ってことですよね。

解説 ● ● ●

★1：夫唱妇随のような中国語・日本語の類似表現はパート⑥を参照。

★2：直訳は「気管支炎」。「恐妻家」という意味の妻管严 qīguǎnyán の発音にかけたしゃれた表現で、類似表現の怕老婆は「妻の尻に敷かれる」の意味です。

★3：走眼は「見間違える」の意味で、看と連用します。

★4：温温柔柔は、形容詞温柔を重ねた型で、程度を強めます。

21

慣 熬出来 áo chū lai　　困難な時期から抜け出す

成 骑虎难下 qí hǔ nán xià　　乗りかかった船

慣 过了这村没这店(儿) guò le zhè cūn méi zhè diàn r ★1　チャンスは二度とない

類似表現 ➡ **成** 机不可失，时不再来 jī bù kě shī, shí bú zài lái

成 头头是道 tóu tóu shì dào　　一つ一つに筋道が通っている

反対表現 ➡ **成** 颠三倒四 diān sān dǎo sì（→P.64）

会話

甲：听说你最近买房了，总算熬出来了吧。
Tīng shuō nǐ zuì jìn mǎi fáng le　zǒng suàn　le ba
最近家を買ったと聞いたけれど、やっと大変な時期を抜けたんだね。

乙：什么呀，现在可是骑虎难下，欠了银行一屁股★2债。
Shén me ya　xiàn zài kě shì　qiàn le yín háng yí pì gu　zhài
そんなことないです、銀行からかなりのお金を借りて、後には引けない状態なんですよ。

甲：慢慢还呗★3，早买早安心，说不定过了这村没这店儿了。
Màn màn huán bei　zǎo mǎi zǎo ān xīn　shuō bu dìng　le
ゆっくり返せばいいよ、早く買えば早く安心できるし、この先チャンスがないかもよ。

乙：咦，听你说得头头是道，怎么没见你这个大款买房?
Yí　tīng nǐ shuō de　zěn me méi jiàn nǐ zhè ge dà kuǎn mǎi fáng
あれ、筋が通った話だけど、あなたは大金持ちなのに家を買ってないじゃないですか?

解説 ● ● ●

★1：直訳は「この村を通り過ぎてしまうとこの店はない」。類似表現の机不可失，时不再来は、「物事をするには、適切なタイミングがある」という意味です。

★2：屁股はもともと「お尻」で、ここでは借金の量を表し、「借金だらけ」の意味です。ちなみに、「銀行ローン」は银行贷款 yínháng dàikuǎn と言います。

★3：呗は「当然である」もしくは「仕方なく」という語気助詞です。

22

成 层出不穷 *céng chū bù qióng*　続出する

成 逍遥法外 *xiāo yáo fǎ wài*　犯罪者が法の制裁を免れて、
　　　　　　　　　　　　　　のうのうとしている

成 狡兔三窟 *jiǎo tù sān kū*　逃げ道が周到に用意されている例え

慣 上圈套 ★1 *shàng quān tào*　だまされる／陥れられる

類似表現 ➡ 慣 中圈套 zhòng quāntào

会話

甲：据★2报上说★2最近网上的诈骗事件层出不穷。
　　Jù bào shàng shuō zuì jìn wǎng shàng de zhà piàn shì jiàn
新聞の報道によると、最近ネットでの詐欺が後を絶たないそうね。

乙：听了就气人★3，这些犯罪分子怎么都逍遥法外呢?
　　Tīng le jiù qì rén zhèi xiē fàn zuì fèn zǐ zěn me dōu ne
本当に腹が立つね、その手の犯罪者はどうしてのうのうとしてられるんだろう?

甲：狡兔三窟嘛，要抓他们哪儿那么容易!
　　　　　　ma yào zhuā tā men nǎr nà me róng yì
逃げ道を綿密に用意しているから、彼らを捕まえるのはそんなに簡単なことじゃないわ!

乙：还真是，咱们也得当心点儿，别上了他们的圈套。
　　Hái zhēn shi zán men yě děi dāng xīn diǎnr bié le tā men de
そうだね、私たちも気をつけて、そういう人に騙されないようにしないといけないな。

解説 ● ● ●

★1：直訳は「わなにひっかかる」。わなの圈套は陷阱 xiànjǐng とも言います。
　　ほかにも、上当 shàng/dàng「ペテンにかかる」という表現もよく使われます。

★2：据…说は「〜によれば」「〜だそうだ」。据说の形もよく用います。

★3：ここの气人は让人生气 ràng rén shēng/qì の意味で、「腹立たしい」という
　　表現です。

23

慣 shàng qì bù jiē xià qì
上气不接下气 ★1　息が切れる／息が続かないさま

慣 jiē gu yǎn r
节骨眼(儿) ★2　　肝心な時／瀬戸際

成 lái lóng qù mài
来龙去脉　　　物事のいきさつ

類似表現 ➡ **成** 前因后果 qián yīn hòu guǒ

成 sān yán liǎng yǔ
三言两语 ★3　　二言三言（→P.144/P.158）
ふたこと み こと

会話

甲：Kàn nǐ pǎo de
看你跑得上气不接下气的，这是去哪儿啊？ de zhè shì qù nǎr a
そんなに息を切らして、どこに行くの？

乙：Bù hǎo le Gōng sī chū shì le
不好了！公司出事了！
大変だ！　会社で大変なことが起きたんだ！

甲：Á zài zhè shang Nǐ kuài bǎ shì qing de shuō shuo
啊，在这节骨眼上！你快 ★4 把事情的来龙去脉说说。
え、こんな肝心な時に！　何がどうなっているのか、いきさつを早く話して。

乙：Zhè bú shì shuō de qīng de gǎn jǐn gēn wǒ qù kàn kan
这不是三言两语说得清的，赶紧 ★4 跟我去看看！
二言三言で説明できるようなものじゃないんだ、急いで一緒に見に行こう！

解説 ● ● ●

★1：直訳は「息がつながらない」。近い言い方の气喘吁吁 qì chuǎn xū xū は、「はぁはぁして、息を切らしてあえぐさま」の意味になります。

★2：瀬戸際の表現として、ほかにも紧要关头 jǐnyào guāntóu や关键时刻 guānjiàn shíkè があります。

★3：「日中の逆順語彙」は 144 ページのコラムを参照。

★4：副詞の快と赶紧は両方「早く」の意味なので、入れ替えても使えます。

成 轻举妄动
qīng jǔ wàng dòng
軽挙妄動する／よく考えずに軽々しく行動する (→P.157)

成 打草惊蛇 ★1
dǎ cǎo jīng shé
不用意な行動で相手に警戒心を抱かせる

慣 不是省油的灯
bú shì shěng yóu de dēng
手に負えない要注意人物

成 落花流水
luò huā liú shuǐ
こてんぱんにやっつける

会話

警官：大家不要轻举妄动，以免打草惊蛇。
Dà jiā bú yào　　　　　yǐ miǎn
全員、軽々しく行動してはいかんぞ。不用意なことをして警戒されんようにな。

女警：队长，没必要这么小心谨慎吧?
Duì zhǎng　　méi bì yào zhè me xiǎo xīn jǐn shèn ba
警部、そんなに慎重にならなくてもよいのではありませんか?

警官：不可大意，对方可不是什么省油的灯。
Bù kě dà yì　　　duì fāng kě　　　shén me
油断してはいかん。相手はなかなかどうして、一筋縄ではいかん連中だ。

女警：这次一定要打 ★2 他们一个落花流水！
Zhèi cì yí dìng yào dǎ　　tā men yí ge
今度こそ徹底的に追いつめ、彼らをたたきのめしましょう！

解説 ● ● ●

★1：打草惊蛇は日本語の「やぶへび」とは意味が違います。やぶへびを中国語で表すと自找麻烦 zìzhǎo máfan「自ら面倒を引き起こす」という表現になります。

★2：打は最も広い意味をもつ動詞の一つです。一般的な「打つ・たたく」のほか、代表的な用法として、打球「球技をする」、打麻将「マージャンをする」、打电话「電話をかける」、打伞「かさをさす」、打的「タクシーを拾う」、打基础「基礎をつくる」、打交道「付き合う」、打哈欠「あくびをする」などがあります。

慣 **马大哈**★1　　いい加減な人／うっかり者

類似表現▶ 慣 马马虎虎 mǎmǎhūhū（→P.43）　 成 粗枝大叶 cū zhī dà yè

谚 **江山易改，本性难移**★2　　三つ子の魂百まで

類似表現▶ 谚 三岁看大，七岁看老 sān suì kàn dà qī suì kàn lǎo★3

成 **五十步笑百步**★4　　五十歩百歩（→P.161）

成 **半斤八两**　　似たり寄ったり（→P.71）

会話

甲：**糟了！又忘带课本了。**

しまった！ また教科書を忘れた。

乙：**你这个马大哈，真是江山易改，本性难移。**

おっちょこちょいね。本当に本性はなかなか直らないわね。

甲：**别五十步笑百步了，昨天你也把词典给忘了吧?**

五十歩百歩だよ。昨日君も辞書を忘れただろう？

乙：**没错！这就叫半斤八两。**

確かに！ これは似た者同士ってことね。

解説 ● ● ● ● ● ● ● ● ● ● ● ● ● ● ● ●

★1：马は「いい加減」、大は「無頓着」、哈は「笑ってごまかす」の意味です。

★2：直訳は「山や川はしょっちゅう移り変わるが、本性は改めにくい」。

★3：「その人の3歳の姿から成人の時を、7歳の姿から老年の時を想像できる」
　　という意味です。

★4：出典は『孟子』。中国語の成句は基本的に4文字構成ですが、例外もあります。

成 mǎ dào chéng gōng 马到成功　直ちに成功を収める

慣 pāi xiōng pú 拍胸脯　保証する／折り紙つき (→P.96)

類似表現 ➡ 慣 打保票 dǎ bǎopiào (→P.96)　慣 打包票 dǎ bāopiào

慣 dǎ shuǐ piāo r 打水漂(儿)★1　無駄になる／浪費する

慣 wū yā zuǐ 乌鸦嘴　不吉なことを言う人

会話

甲：Lái　wèi wǒ men shuāng fāng de hé zuò gān bēi　Zhù dà jiā
来，为我们双方的合作干杯★2！祝大家马到成功。
では、我々の共同事業に乾杯！　我々が一日も早く成功を収めますように。

乙：Wǒ gǎn　bǎo zhèng　zán men de xīn chǎn pǐn yí shàng shì kěn dìng qiǎng gòu yì kōng
我敢拍胸脯保证，咱们的新产品一上市肯定抢购一空。
成功間違いなしですよ、我々の新商品は、市場に出ればきっとすぐ完売するに違いない。

丙：Shuō bu hǎo　wàn yī shī bài　suǒ yǒu de guǎng gào fèi dōu děi　le
说不好★3，万一失败，所有的广告费都得打水漂儿了。
どうかしら、万一失敗したら、広告費はすべて水の泡になるのよね。

丁：Zhǐ xǔ chéng gōng　bù xǔ shī bài
乌鸦嘴！只许成功，不许失败。
縁起でもないことを！　成功あるのみ、失敗は許されないよ。

解説 ● ● ●

★1：直訳は「水切りをする」。使ったお金は戻ってこないので「無駄になる」という意味です。

★2：乾杯の席ではよく为我们的…干杯「〜のために乾杯」と音頭をとります。例えば、为我们的友谊干杯、为我们的健康干杯という使い方をします。

★3：说不好は「何とも言えない」という意味で、难说と同じ表現です。

27

成 走马看花 zǒu mǎ kàn huā　物事を大ざっぱに見ることの例え

類似表現▶ 成 走马观花 zǒu mǎ guān huā

慣 对胃口★1 duì wèi kǒu　性に合う／好みに合う

類似表現▶ 慣 合胃口 hé wèikǒu

成 不以为然 bù yǐ wéi rán　賛同できない

慣 萝卜青菜，各有所爱 luó bo qīng cài，gè yǒu suǒ ài　人それぞれの好みが異なることの例え

会話

甲：我说，你喜欢团体游还是★2自助游？
Wǒ shuō nǐ xǐ huan tuán tǐ yóu hái shi zì zhù yóu
ねえ、団体旅行と個人旅行、どっちが好き？

乙：跟团只能走马看花，不对我胃口。
Gēn tuán zhǐ néng bú wǒ
団体旅行は、ざっと見るだけになっちゃうから、僕の好みには合わないな。

甲：这我就不以为然了。跟团既★3省心又★3实惠呢！
Zhè wǒ jiù le Gēn tuán jì shěng xīn yòu shí huì ne
私はそうは思わないなあ。団体なら余計な心配もしなくていいし、お得だもの！

乙：萝卜青菜，各有所爱嘛！
ma
好みは人それぞれってことだね！

解説 ● ● ●

★1：胃口はもともと「食欲」の意味です。胃口を使った表現では、胃口很好「食欲が旺盛」や没胃口「食欲がない」などがあります。

★2：接続詞还是は「AそれともB」を問う選択文に用います。また、副詞としての用法の場合、強調の語気で「やはり」の意味になります。

★3：既…又…は「〜でもあり〜でもある」という並列表現です。

成 **禍不単行** huò bù dān xíng 　泣きっ面に蜂

反対表現 ➡ 成 **双喜临门** shuāng xǐ lín mén★1

成 **塞翁失马** sài wēng shī mǎ 　人間万事塞翁が馬 (→P.158)

類似表現 ➡ 成 **因祸得福** yīn huò dé fú★2

慣 **说的比唱的还好听** shuō de bǐ chàng de hái hǎo tīng 　うまいことばかり言う

慣 **往心里去**★3 wǎng xīn li qù 　気にとめる／気にかける

会話

甲：**真是禍不単行，刚丢了钱包又和老婆大吵了一架。** Zhēn shi / gāng diū le qián bāo yòu hé lǎo po dà chǎo le yí jià

泣きっ面に蜂とはまさにこのことだよ、財布はなくすし、かみさんとは大げんかもするし。

乙：**俗话说"塞翁失马"嘛，说不定好运马上就跟着来。** Sú huà shuō / ma / shuō bu dìng hǎo yùn mǎ shàng jiù gēn zhe lái

塞翁が馬って言うじゃない。何かよいことがもうすぐ起こるかもしれないわよ。

甲：**你说的比唱的还好听，弄不好又有倒霉★4事了。** Nǐ / nòng bu hǎo yòu yǒu dǎo méi shì le

君はうまいことばっかり言うけど、ひょっとしたら、また悪いことが起こるかも。

乙：**别太往心里去，凡事顺其自然。** Bié tài / fán shì shùn qí zì rán

あんまり気にしないで、何事もなりゆきに任せておくのがいいわね。

解説 • • •

★1：双喜临门は「二重の吉事」。中国の結婚式では、よく喜の文字を2つ並べた 囍（双喜字）を飾り、「おめでたい」雰囲気を醸し出します。

★2：因祸得福は「災い転じて福となす」という意味です。

★3：往心里去は、介意「意に介する」や在意「気にする」に置き換えられます。

★4：倒霉は形容詞として用いる場合、「ついていない」の意味になります。

成 犹豫不决 yóu yù bù jué
いろいろ迷って決心がつかない

類似表現 ➡ **成** 优柔寡断 yōu róu guǎ duàn (→P.164)

成 琳琅满目 lín láng mǎn mù
立派な物が数多くあるさま

成 应有尽有 yīng yǒu jìn yǒu
すべてそろっているさま

慣 羊毛出在羊身上 yáng máo chū zài yáng shēn shang ★1
もともとは自分の懐から出たものであり、結局は得にならない

会話

甲：你到底★2买还是★3不买? 老犹豫不决的。
Nǐ dào dǐ mǎi hái shi bù mǎi Lǎo de
結局あなたは買うの? 買わないの? ずっと迷ってばかりじゃない。

乙：我看还是★3算了吧。
Wǒ kàn hái shi suàn le ba
やっぱりやめておくよ。

甲：怎么啦? 这里的商品琳琅满目、应有尽有，哪儿不好?
Zěn me la Zhè li de shāng pǐn nǎr bù hǎo
どうして? ここの商品はどれも素敵だし、何でもあるし、どこが気に入らないの?

乙：说是跳楼大甩卖，其实羊毛出在羊身上。
Shuō shi tiào lóu dà shuǎi mài qí shí
出血大バーゲンで得したつもりでも、結局は自分のお金だからね。

解説 ・・・ ●●●●●●●●●●●●●●●●●●●●●●

★1：直訳は「羊毛は羊の体からとれたものである」。買い物客がよく用いる表現です。

★2：副詞の到底は「いったい」「つまるところ」の意味で、究竟 jiūjìng と入れ替えられます。吗の疑問文には使えません。

★3：还是は選択疑問文の場合は「それとも」、平叙文の場合は「やはり」の意味です。異なる用法に注意しましょう。

CD トラック ⑭

成 **小题大做** xiǎo tí dà zuò　大げさなことの例え

慣 **杀鸡给猴(子)看** shā jī gěi hóu zi kàn ★1　みせしめにすることの例え

類似表現 ▶ 成 **杀鸡儆猴** shā jī jǐng hóu

慣 **发牢骚** fā láo sāo ★2　不平不満を言う／愚痴（く　ち）をこぼす

成 **前车之鉴** qián chē zhī jiàn　前人の失敗は後人の戒めとなる

会話

甲：**听说了吗？小赵被公司开除了！真是小题大做。**
Tīng shuō le ma　Xiǎo Zhào bèi gōng sī kāi chú le　Zhēn shì
聞いた？　趙くんが会社を首になったって！　それってやっぱりやりすぎよね。

乙：**你不懂吗？这叫杀鸡给猴看。**
Nǐ bù dǒng ma　Zhè jiào
君はわからないのか？　あれは見せしめにされたってことだよ。

甲：**对了★3，最近领导常发牢骚，说咱们单位绩效太差。**
Duì le　zuì jìn lǐng dǎo cháng　shuō zán men dān wèi jì xiào tài chà
ところで、最近リーダーは、うちの部門の業績がひどく悪いと、愚痴ばっかりね。

乙：**小赵就是我们的前车之鉴，还是安分点儿好。**
Xiǎo Zhào jiù shì wǒ men de　hái shi ān fèn diǎnr hǎo
我々は趙くんの失敗を肝に銘じて、やはり分をわきまえていたほうが得策だね。

解説 ● ● ●

★1：直訳は「ニワトリをしめて、サルに見せる」。サルは一般に猴子と言います。

★2：牢骚は「不平不満」、つまり「愚痴」のこと。「愚痴をこぼす」には、ほかに抱怨 bàoyuàn、または埋怨 mányuàn という表現もあります。

★3：对了は話の途中で何かを思い出したり、話題の転換をする際に用います。

慣 铁公鸡★1　tiě gōng jī　けちん坊／守銭奴 しゅせんど

類似表現➡ **成** 一毛不拔 yì máo bù bá　**成** 视钱如命 shì qián rú mìng

成 隔墙有耳　gé qiáng yǒu ěr　壁に耳あり、障子に目あり（→P.150）

諺 说曹操，曹操就到★2　shuō Cáo Cāo, Cáo Cāo jiù dào　うわさをすれば影

会話

甲：听说★3小王是一只铁公鸡，一毛不拔。
Tīng shuō　Xiǎo Wáng shì yì zhī　yì máo bù bá
王くんはものすごいケチらしいわよ。びた1文出そうとしないんだって。

乙：可不★4，所以朋友越来越★5少。
Kě bù　suǒ yǐ péng you yuè lái yuè　shǎo
そうだね、だから友達がだんだん離れていくんだよ。

甲：嘘！小声点儿！小心隔墙有耳。
Xū　Xiǎo shēng diǎnr　Xiǎo xīn
しっ！　小さい声でしゃべって！　気をつけないと誰か聞いているかも。

乙：说曹操，曹操就到。他来啦！
Tā lái la
うわさをすれば影。来たよ！

解説 •

★1：铁公鸡「鉄でつくった雄鶏」は羽がないため、一毛不拔「1本も毛を抜かない」つまり非常にけちであるという意味です。一毛は「0.1元」にかけていて、極めて少ない金額の例えです。

★2：直訳は「曹操の話をしていると曹操が現れる」。

★3：听说は一般に文頭に置き、「聞くところでは〜だそうだ」という表現です。听…说の用法もあり、"…"には、うわさの発信者を入れます。

★4：可不は可不是の略、相手の意見に賛同する表現です。

★5：越来越は「だんだん〜になる」「ますます〜になる」の意味です。

CD トラック ⑯

慣 **落汤鸡** luò tāng jī 濡れねずみ／全身ずぶ濡れのさま

成 **杞人忧天** Qǐ Rén yōu tiān ★1 杞憂／取り越し苦労 (→P.156)

類似表現 → 成 **庸人自扰** yōng rén zì rǎo ★2

成 **歪打正着** wāi dǎ zhèng zháo まぐれ当たり (→P.18)

諺 **姜是老的辣** jiāng shì lǎo de là ★3 亀の甲より年の功

会話

妈妈：让你带伞你不听，这不是★4，淋成落汤鸡了吧?
Ràng nǐ dài sǎn nǐ bù tīng　zhè bú shì　lín chéng　le ba
傘を持って行きなさいと言ったのに聞かないから、ほら、ずぶ濡れになったでしょ？

儿子：妈！你就爱杞人忧天，今天不过★5是歪打正着罢了★5。
Mā　Nǐ jiù ài　jīn tiān bú guò　shì　bà le
お母さんは気苦労が多すぎるんだよ、今日のはまぐれ当たりだっただけさ。

妈妈：姜还是老的辣。你呀，就知道贫嘴！
hái　Nǐ ya　jiù zhī dao pín zuǐ
亀の甲より年の功よ、お前は減らず口ばっかりたたくんだから！

儿子：知道啦！以后听你的就是了。
Zhī dao la　Yǐ hòu tīng nǐ de jiù shì le
わかったよ！　これからはお母さんの言うことを聞けばいいんだろ。

解説 ● ● ●

★1：杞人忧天の故事は、昔、杞の国の人が、天が落ちてくるのを恐れたことから転じて「取り越し苦労」の意味として使います（出典『列子』）。

★2：庸人自扰は「自ら面倒や問題を引き起こす」の意味を表します。

★3：直訳は「ショウガは古いものほど辛い」。

★4：这不是は「ほら」という相手の注意を促す日常慣用言葉で、你看に類似します。

★5：不过…罢了は「～にすぎない」「～だけだ」という意味で、只是…罢了とも言います。

成 山珍海味 shān zhēn hǎi wèi　山海の珍味 (→P.158)

類似表現 ➡ **成** 山珍海错 shān zhēn hǎi cuò★1

慣 大鱼大肉 dà yú dà ròu　結構なごちそう／贅沢な食事

慣 狗咬狗★2 gǒu yǎo gǒu　仲間同士のけんか／内輪もめ

類似表現 ➡ **慣** 窝(儿)里斗 wō(r)lidòu

成 垂涎三尺 chuí xián sān chǐ　欲しくてたまらない

会話

甲：你最近发福★3了不少，天天山珍海味的吧？
Nǐ zuì jìn fā fú le bù shǎo tiān tiān de ba
最近ふっくらしてきたんじゃないか、毎日いろいろおいしいものを食べてるんだろう？

乙：你也瘦不到哪儿去★4，肯定餐餐都是大鱼大肉的呢！
Nǐ yě shòu bu dào nǎr qù kěn dìng cān cān dōu shì de ne
あなただって私とそんなに変わらないじゃない、どうせ毎食ごちそうを食べてるくせに！

甲：咱们就别狗咬狗了，快想办法减肥才是。
Zán men jiù bié le kuài xiǎng bàn fǎ jiǎn féi cái shì
我々は仲間割れしている場合じゃないぞ、早くダイエットの方法を考えなきゃ。

乙：要命的是，我一看见吃的就垂涎三尺！
Yào mìng de shì wǒ yí kàn jiàn chī de jiù
それが困ったことに、食べ物をみるとどうしても食べたくなっちゃうの！

解説 ・・・

★1：海错は「海産物」。盛りだくさんで豪華な場合は、丰盛 fēngshèng を用います。

★2：中国語では、狗「犬」に関する表現はマイナスイメージのものが多いです。

★3：「太る」は胖 pàng ですが、相手の立場を配慮してストレートな表現を避けたい場合は、发福「福々しくなる」という表現を使います。

★4：你也…不到哪儿去は「あなたも私と大して変わらない」の意味です。

慣 **团团转**★1 tuán tuán zhuàn ぐるぐる回る／てんてこ舞いする（→P.133）

諺 **人怕出名猪怕壮**★2 rén pà chū míng zhū pà zhuàng 出る杭<くい>は打たれる

成 **筋疲力尽** jīn pí lì jìn 疲れ果てる

類似表現 ➡ 成 **精疲力竭** jīng pí lì jié

慣 **出风头** chū fēng tou 出しゃばる／目立ちたがる

会話

甲：那些记者天天围着我团团转，都不能让人清净一下。
Nèi xiē jì zhě tiān tiān wéi zhe wǒ dōu bù néng ràng rén qīng jìng yí xià
あの記者たちは毎日うろうろつきまとっていて、少し静かにしておいてくれないかね。

乙：人怕出名猪怕壮，谁叫你是★3个名人呢！
shéi jiào nǐ shì ge míng rén ne
風当たりが強くなるのは仕方ないですよ、あなたは有名人なんですからね！

甲：话是这么说，可是这几天我已经累得筋疲力尽了。
Huà shì zhè me shuō kě shì zhè jǐ tiān wǒ yǐ jing lèi de le
そうは言っても、この数日で私はすっかり疲れてしまったよ。

乙：不至于吧！不过还是不要太出风头的好。
Bú zhì yú ba Bú guò hái shi bú yào tài de hǎo
大げさですね！ けれど、あまり目立つようなことをしないほうがいいですよ。

解説 ● ● ●

★1：大変忙しい様子を忙得团团转と言います。つまり、「忙しくて、てんてこ舞いする」の意味になります。

★2：直訳は「人は有名になるのを恐れ、豚は太るのが怖い」。中国語の猪は「豚」の意味で、中国の十二支にはイノシシではなく豚が入っています。また、中国語で「イノシシ」は野猪 yězhū です。

★3：谁叫你是は「あなたは～だから、仕方がない」という強調の意味です。

miào shǒu huí chūn
成 妙手回春　　医術が優れていることの例え

類似表現 → **成** 着手成春 zhuó shǒu chéng chūn

rè guō shang de mǎ yǐ
慣 热锅上的蚂蚁　　居ても立ってもいられないさま

xiōng duō jí shǎo
成 凶多吉少　　先の見通しが暗い

diào yǐ qīng xīn
成 掉以轻心　　油断する／軽視する

類似表現 → **成** 等闲视之 děng xián shì zhī（→P.75）

会話

Dài fu　gǎn xiè nín　　　　　　　　zhì hǎo le wǒ zhàng fu de bìng
家属：大夫，感谢您妙手回春，治好了我丈夫的病。
先生、先生の素晴らしい治療で夫の病気もすっかり治り、感謝しております。

Yīng gāi de　　　zhè jǐ tiān wǒ kàn nǐ jí de xiàng
医生：应该的★1，这几天我看你急得像热锅上的蚂蚁。
当然のことです。ここ数日は、心配で居ても立ってもいられないご様子でしたね。

Rú guǒ　bú shì nín　kǒng pà　　　　　le
家属：如果★2不是您，恐怕凶多吉少了！
もしも先生でなかったら、おそらく助からなかったかもしれません！

Huà yòu shuō huí lai　　nín ài ren yǐ hòu qiān wàn　bù kě
医生：话又说回来，您爱人以后千万★3不可掉以轻心。
ご主人の件に戻りますが、今後は絶対に油断してはいけませんよ。

解説 ● ● ● ● ● ● ● ● ● ● ● ● ● ● ●

★1：应该的は这是我应该做的「これは私の職責範囲内のこと」という意味です。

★2：如果は仮定文に用いる接続詞で、如果…的话の形で的话「ならば」と併用
　　することもあります。的话を省略しても意味は変わりません。

★3：千万は肯定文・否定文のどちらにも使える副詞です。一方、類義語の万万
　　も「絶対に」の意味で同じく副詞ですが、こちらは否定文にのみ用います。

成 垂头丧气 chuí tóu sàng qì　意気消沈するさま

類似表現 ➡ **成** 无精打采 wú jīng dǎ cǎi　**成** 没精打采 méi jīng dǎ cǎi

慣 炒鱿鱼 chǎo yóu yú ★1　首になる／解雇する

慣 铁饭碗 tiě fàn wǎn ★2　つぶれる心配のない職業／安定した仕事

類似表現 ➡ **慣** 吃皇粮 chī huángliáng

成 大惊小怪 dà jīng xiǎo guài　大げさに騒ぎ立てる

会話

Nǐ zhè jǐ tiān zěn me　　　　　de yì diǎnr jīng shen dōu méi yǒu
甲：你这几天怎么垂头丧气的，一点儿精神都没有?

最近落ち込んでいるようで、ちっとも元気がないけど、どうしたの?

Bù mán nǐ shuō wǒ bèi le
乙：不瞒你说，我被炒鱿鱼了。

実を言うと、会社を首になってしまったんだ。

Nǐ shuō shén me　Wǒ hái yǐ wéi nǐ de gōng zuò shì ne
甲：你说什么? 我还以为你的工作是铁饭碗呢！

なんですって? 食いっぱぐれのない仕事だと思っていたのに！

Zhè méi shén me kě de xiàn zài xià gǎng de rén duō de shì
乙：这没什么可大惊小怪的，现在下岗的人多的是。

そんなにびっくりすることもないさ。今どき失業した人なんていくらでもいるし。

解説 ● ● ●

★1：直訳すると「イカを炒める」。昔の中国では、仕事を首になると布団を丸めて出て行くので、丸めた布団と、炒めて丸まったイカの姿がそっくりなことから転じて、炒鱿鱼「解雇する」という意味になりました。

★2：铁饭碗のほか、金饭碗 jīnfànwǎn「高収入の職業」や瓷饭碗 cífànwǎn「将来の保証がない仕事」などの表現もあります。類似表現の皇粮は「役所仕事」を指します。

慣 癩蛤蟆想吃天鹅肉
lài há ma xiǎng chī tiān é ròu

身の程知らず／身分不相応の恋をする（男性のみの表現）(→P.139)

慣 没门儿
méi ménr

見込みがない／だめだ

類似表現 ➡ **慣** 没戏 méi/xì ★1

慣 刀子嘴，豆腐心
dāo zi zuǐ   dòu fu xīn

口は悪いが、根は優しい人

成 铁石心肠
tiě shí xīn cháng

冷酷無情な人の例え

反対表現 ➡ **成** 菩萨心肠 pú sà xīn cháng

会話

男子：伯母★2，您就答应我和您女儿的婚事吧！
Bó mǔ   nín jiù dā ying wǒ hé nín nǚ ér de hūn shì ba

お母さん、お嬢さんと僕の結婚を認めてください！

伯母：你这是癩蛤蟆想吃天鹅肉，没门儿！
Nǐ zhè shì

なんて身の程知らずなの、だめに決まっているでしょう！

男子：我知道您是刀子嘴，豆腐心。
Wǒ zhī dao nín shì

あなたは口は悪いが、本当は根は優しい人だって、僕は知ってます。

伯母：告诉★3你，我可是铁石心肠。
Gào su   nǐ   wǒ kě shì

言っておくけれど、私はこう見えても情にほだされないわよ。

解説 ● ● ●

★1：直訳は「芝居がない」、転じて「望みがない」という意味になります。

★2：伯母は、本来は「父の兄の妻」を指しますが、母親と同年齢もしくは年長の女性に対する呼び方としても用います。

★3：告诉は日本語の「告訴」の意味ではなく、「知らせる」という意味です。

成 一窍不通 ★1　yí qiào bù tōng　全くわからない

類似表現 → **慣** 门外汉 ménwàihàn

慣 旱鸭子　hàn yā zi　金づち／泳げない人

成 出乎意料 ★2　chū hū yì liào　予想外である

反対表現 → **成** 不出所料 bù chū suǒ liào

慣 说白了　shuō bái le　はっきり言ってしまえば／要するに

会話

甲：你游个一百米应该不成问题吧？
Nǐ yóu ge yì bǎi mǐ yīng gāi bù chéng wèn tí ba
あなたは 100 メートルぐらい泳ぐのは、軽いもんでしょうね？

乙：哪儿啊 ★3 ! 我对游泳一窍不通，是个旱鸭子。
Nǎr a　Wǒ duì yóu yǒng　shì ge
そんなことないよ！　僕は、泳ぎが全くダメで、金づちなんだよ。

甲：是吗！这太出乎我的意料了！
Shì ma　Zhè tài　wǒ de　le
そうなの！　とてもそんなふうには見えないわ！

乙：说白了，我根本没什么运动天赋。
wǒ gēn běn méi shén me yùn dòng tiān fù
実を言うと、僕は生まれつき、運動神経がゼロなんだ。

解説 ••••

★1：一窍不通は完全不懂 wánquán bù dǒng、または完全不会 wánquán bú huì とも言います。類似表現に门外汉「門外漢」、外行 wàiháng「素人」の表現もあります。

★2：出乎意料は没想到 méixiǎngdào「思いもよらなかった」に近い表現です。反対に、予想通りの場合は不出所料、もしくは意料之中と言います。

★3：哪儿啊は反語で、「そんなことはない」と相手の問いに否定する返答です。

39

成 shén cǎi yì yì
神采奕奕　　元気があふれているさま

成 xiào róng kě jū
笑容可掬　　満面の笑顔

参考表現 ▶ **成** 满面春风 mǎn miàn chūn fēng★1

慣 gǎn yā zi shàng jià
赶鸭子上架★2　できないことを無理にやらせる

慣 nào le bàn tiān
闹了半天★3　結局のところ／あげくの果てには

会話

Jīn tiān gè wèi   kěn dìng néng pāi chū hǎo zhào piàn
甲：今天各位神采奕奕、笑容可掬，肯定能拍出好照片。
今日は皆さん、元気いっぱいで笑顔も素晴らしいですし、きっといい写真が撮れますよ。

Zhēn shì   wǒ zuì tǎo yàn de jiù shì zhào xiàng le
乙：真是赶鸭子上架，我最讨厌的就是照相了。
全く無理を押しつけるなあ、僕は写真を撮られるのが一番嫌なのに。

Kàn zhè li yī èr sān qié zi   Āi yā Xiàng jī méi diàn le
甲：看这里，一、二、三、茄子★4！哎呀！相机没电了。
ここを見て、1、2、3、チーズ！　あちゃぁ！　電池が切れていました。

wǒ men shì làng fèi biǎo qíng le
乙：闹了半天，我们是浪费表情了。
結局のところ、ポーズしただけ無駄だったんだね。

解説 •••

★1：满面春风は春风满面とも言います。「満面の笑顔」「喜びがあふれている」
　　の意味で、ほかにも满面笑容と笑容满面は意味も使い方も一緒です。

★2：直訳は「アヒルを止まり木に追い上げる」。打鸭子上架とも言います。

★3：半天については、71 ページのコラム参照。

★4：茄子は野菜の「ナス」ですが、発音は英語の「cheese」からとっているの
　　で、写真を撮る時の掛け声の「チーズ」として用います。

成 精打细算 （jīng dǎ xì suàn）　細かく計算する

慣 捞外快★1 （lāo wài kuài）　本業以外の収入を得る／副業をする

成 每况愈下 （měi kuàng yù xià）　悪くなる一方／状況がますます悪くなること

反対表現 ➡ **成** 蒸蒸日上 zhēng zhēng rì shàng★2

諺 瘦死的骆驼比马大★3 （shòu sǐ de luò tuo bǐ mǎ dà）　腐っても鯛

会話

甲：现在物价这么高，过日子不得不★4精打细算啰！
（Xiàn zài wù jià zhè me gāo, guò rì zi bù dé bù）
最近は物価が高くて、毎日の暮らしも、細かく計算しないとやっていかれないよ！

乙：你还哭穷啊！单位★5效益好，又能经常捞点儿外快。
（Nǐ hái kū qióng a　Dàn wèi xiào yì hǎo　yòu néng jīng cháng diǎnr）
何貧乏を嘆いているの！勤め先の業績は好調だし、副業もしょっちゅうやっているのに。

甲：如今我们公司的经营状况也是每况愈下。
（Rú jīn wǒ men gōng sī de jīng yíng zhuàng kuàng yě shì）
それが最近、うちの会社の経営も日に日に悪くなっているんだよ。

乙：不管怎么说，瘦死的骆驼比马大。
（Bù guǎn zěn me shuō）
そうは言っても、腐っても鯛でしょう。

解説 ● ● ●

★1：直訳は「臨時収入をすくい出す」。外快は外水にも置き換えられます。

★2：「日に日に発展する」という意味です。

★3：直訳は「やせて死んだラクダでも馬よりは大きい」。規模や実力のある団体もしくは個人は、衰えても一般水準よりましだという例えです。

★4：二重否定の不得不は、「～せざるをえない」の意味になります。

★5：中国語の単位は「部署・職場」を指します。ちなみに、大学の単位は学分です。

成 **人山人海** rén shān rén hǎi 黒山の人だかり

類似表現 → 成 **水泄不通** shuǐ xiè bù tōng (→P.97)

慣 **别提了** bié tí le ★1 それが聞いてよ（うんざりだよ）

慣 **打道回府** dǎ dào huí fǔ 帰宅する／帰る

慣 **狮子大开口** shī zi dà kāi kǒu 高額な値段を要求する

類似表現 → 慣 **敲竹杠** qiāo zhúgàng (→P.69)

会話

甲：**昨晚的演唱会不错吧? 听说现场人山人海。**
Zuó wǎn de yǎn chàng huì bú cuò ba　Tīng shuō xiàn chǎng

昨日のコンサートはよかった？　会場は人であふれかえっていたらしいわね。

乙：**别提了，票早卖完了，我们只好打道回府。**
piào zǎo mài wán le　wǒ men zhǐ hǎo

それが聞いてくれよ、チケットがとっくに完売してて、家に帰るしかなかったんだ。

甲：**外面不是还有一些倒票的★2吗?**
Wài miàn bú shì hái yǒu yì xiē dǎo piào de　ma

会場の外にダフ屋とか、いなかったの？

乙：**那些黄牛★3狮子大开口，漫天要价★4，哪儿买得起呀！**
Nèi xiē huáng niú　màn tiān yào jià　nǎr mǎi de qǐ ya

そのダフ屋がすごくふっかけてきて、べらぼうな値段を言うんで、とても買えなかったよ！

解説 ・・・ ●

★1：直訳すると「話題にするな」。别说了とも言います。

★2：倒票は「ダフ屋行為」のことで、倒票的は「ダフ屋」のことを指します。

★3：「ダフ屋」のことを黄牛とも呼びます。「約束事を守らない」という場面にも用いることができ、例えば、你黄牛は「嘘つき」の意味になります。

★4：漫天要价は、狮子大开口および敲竹杠と類似の表現です。

コラム 十二支と "马马虎虎"

●日本と中国の十二支

　干支(えと)は中国から日本に伝えられた文化ですが、日本と中国では十二支に数えられる動物が少し違います。

　日本の十二支は「子丑寅卯辰巳午未申酉戌亥」ですが、中国の十二生肖 shí'èr shēngxiào「十二支」は、鼠 shǔ「ねずみ」、牛 niú「牛」、虎 hǔ「とら」、兔 tù「うさぎ」、龙 lóng「辰」、蛇 shé「蛇」、马 mǎ「馬」、羊 yáng「羊」、猴 hóu「猿」、鸡 jī「鶏」、狗 gǒu「犬」、猪 zhū「豚」です。最後の猪だけが日本とは異なりますが、ほかはすべて同じです。

●動物を用いた表現

　中国語の四字成語や慣用表現には、動物を用いたものがたくさんあります。例えば、馬と虎を合わせた马马虎虎 mǎmǎhūhū は「いい加減」という意味です。これは昔、中国にいた、ある画家の話が由来しています。虎の絵を描いている途中に馬の絵を頼まれた画家は、虎の頭にそのまま馬の体を付け加えてしまったそうです。このいい加減な画家の行いが马马虎虎の出自となりました。

　そのほかにも、本書に掲載している马大哈（→ P.26）、马到成功（→ P.27）、母老虎（→ P.21）、骑虎难下（→ P.22）などのように、特に「馬」や「虎」に関連する熟語がたくさんあります。ここで、いくつか紹介しましょう。

马の表現

	hui mǎ qiāng	
慣	回马枪	「不意打ち／逆襲する」

	dān qiāng pǐ mǎ	
成	单枪匹马	「人の力を借りずに単独で行動する」

▶▶▶

成	jīn gē tiě mǎ 金戈铁马	「戦争の例え」
成	kuài mǎ jiā biān 快马加鞭	「さらにピッチを上げる」
慣	sǐ mǎ dàng huó mǎ yī 死马当活马医	「見込みはなくても試みること」

虎の表現

慣	lán lù hǔ 拦路虎	「じゃまもの」
慣	qiū lǎo hǔ 秋老虎	「厳しい残暑」
慣	zhǐ lǎo hǔ 纸老虎	「張り子の虎」
成	hǔ kǒu yú shēng 虎口余生	「命拾いする」
成	rú hǔ tiān yì 如虎添翼	「鬼に金棒」
成	shēng lóng huó hǔ 生龙活虎	「活力に満ちて血気盛んなさま」

ほかの動物の表現

慣	biàn sè lóng 变色龙	「ご都合主義者」
慣	tì zuì yáng 替罪羊	「スケープゴート」
慣	yìng shēng chóng 应声虫	「イエスマン」
成	fèng máo lín jiǎo 凤毛麟角	「極めてまれな人や物」
成	guò jiāng zhī jì 过江之鲫	「人が極めて多いことの例え」
成	niǎo yǔ huā xiāng 鸟语花香	「春のうららかなさま」

パート2

会話で覚えよう

一数字編

一分钱一分货

慣 一窝蜂★1　わっと（押し寄せる）／大騒ぎで混乱する様子
yì wō fēng

参考表現▶ **成** 争先恐后 zhēng xiān kǒng hòu（→P.55）

成 大显身手
dà xiǎn shēn shǒu

　　　大いに腕前を見せる／大いに本領を発揮する

成 大材小用　人材の使い方が適切でない
dà cái xiǎo yòng

慣 香饽饽★2　人気者／受けがよい人または物
xiāng bō bo

会話

甲：大学毕业生怎么就那么喜欢一窝蜂地往大城市挤?
Dà xué bì yè shēng zěn me jiù nà me xǐ huan de wǎng dà chéng shì jǐ

大学生は卒業すると、なぜああも群れをなして大都市に行きたがるのだろうね？

乙：大城市有更多的机会让他们大显身手哇！
Dà chéng shì yǒu gèng duō de jī huì ràng tā men wa

大都市のほうが実力を発揮するチャンスが多いからでしょう！

甲：正好相反★3，我看很多人都是大材小用。
Zhèng hǎo xiāng fǎn wǒ kàn hěn duō rén dōu shì

全く逆だよ、大抵の人は才能を持て余していると思うよ。

乙：但有本事的肯定是抢手的香饽饽。
Dàn yǒu běn shi de kěn dìng shì qiǎng shǒu de

しかし能力のある人なら、きっと引く手あまたでひっぱりだこに違いないですよ。

解説 • • •

★1：「（その騒がしさはまるで）ハチの巣をつついたようだ」または、「ハチの大群が群れをなして、わっと」という例え。

★2：饽饽はトウモロコシなどの雑穀や小麦粉をこねて作った中国北方の菓子のことで、香ばしくておいしい饽饽は、当然「人気者」に違いないという意味です。

★3：相反は「逆・反対である」の意味で形容詞、反对は「反対する」の意味で動詞です。

yì mú yí yàng
成 一模一样　そっくりである

chū yáng xiàng
慣 出洋相★1　笑いものになる／恥をさらす
類似表現 ➡ **慣** 闹笑话 nào xiàohua

jiàn guài bú guài
成 见怪不怪　予想外のことにも驚かない

yí ge mú zi kè chū lai de
慣 一个模子刻出来的★2　瓜二つの

会話

Nèi duì shuāng bāo tāi jiě mèi　zhǎng de zhēn xiàng　jiǎn zhí
甲：那对双胞胎姐妹★3长得真像，简直一模一样！
あの双子の姉妹はほんとに似ているね、なにからなにまでそっくりよ！

Nǐ hái bié shuō　　shàng cì wǒ jiù rèn cuò rén　　jìn le
乙：你还别说★4，上次我就认错人，出尽了洋相★1。
そうだね、僕はこの前2人を間違えてさ、すごく恥をかいちゃったよ。

Zhè shìr cháng yǒu　　tā men zǎo jiù　　le
甲：这事儿常有，她们早就见怪不怪了。
よくあることじゃない。彼女たちも、いつものことだから別に驚かないわ。

Yě duì　　shéi jiào tā men shì
乙：也对，谁叫她们是一个模子刻出来的。
それもそうだね。それにしても、2人はどうしてこうまで瓜二つなんだろうね。

解説

★1：出洋相の直訳は「醜態を演じる」。出尽了洋相は闹了个大笑话とも言います。

★2：直訳は「同じ型で作ったもの」。転じて「そっくりである」という意味です。

★3：姉妹は「女きょうだい」、兄弟 xiōngdì は「男きょうだい」を表し、中国語で兄弟は通常、兄弟姉妹と言います。

★4：你还别说は「言うな」でなく、「言われてみれば、そうだね」という慣用表現です。

成 **东张西望** dōng zhāng xī wàng きょろきょろする

慣 **一把手**★1 yī bǎ shǒu 最高責任者／やり手 ※"一"は第4声に変わる

類似表現 ➡ 慣 第一把手 dì yī bǎ shǒu 慣 第一把交椅 dì yī bǎ jiāoyǐ

成 **非同小可** fēi tóng xiǎo kě 軽視できない／重大である

慣 **打官腔**★2 dǎ guān qiāng 役人ぶる／決まり文句を並べる

類似表現 ➡ 慣 打官话 dǎ guānhuà

会話

甲：**喂**★3，你怎么还在这儿**东张西望**啊?
Wèi nǐ zěn me hái zài zhèr a

ちょっと、君はまだそこで、何をきょろきょろしているんだ？

乙：你别管那么多，我要找你们**一把手**。
Nǐ bié guǎn nà me duō wǒ yào zhǎo nǐ men

ほっといてくれ、君らの責任者を探しているんだ。

甲：都跟你说了，这事**非同小可**，我们得先研究研究。
Dōu gēn nǐ shuō le zhè shì wǒ men děi xiān yán jiū yan jiū

君には言ったはずだ、これは軽々しい案件ではないから、我々が先に検討すると。

乙：别跟我**打官腔**，反正见不着人我就不走！
Bié gēn wǒ fǎn zhèng jiàn bù zháo rén wǒ jiù bù zǒu

決まり文句を言わないでくれ、どのみち会えるまで絶対帰らないからな！

解説••••••••••••••••••

★1：一把手は「ナンバーワン」の意味で、ここでは「その部門のトップ」を指します。

★2：直訳は「役人口調で言う」。類似表現の打官话の官话は、昔、役人の間で使っていた標準語のこと。

★3：第四声の喂は、人に呼びかける際に用います。電話に出る時の「もしもし」の場合は第二声になります。

慣 卖关子
mài guān zi
人をじらす／思わせぶりな態度

成 一无所知
yì wú suǒ zhī
何も知らない

類似表現 ➡ 慣 一问三不知 yí wèn sān bù zhī (→P.58)

慣 葫芦里卖的什么药★1
hú lu li mài de shén me yào
腹の中で何をたくらんでいるのか

成 守口如瓶★2 口が堅い
shǒu kǒu rú píng

会話

甲：不要卖关子了，快告诉我！你就爱拿我开心★3。
Bú yào   le   kuài gào su wǒ   Nǐ jiù ài ná wǒ kāi xīn
もったいぶらないで、早く教えてよ！　私をからかって面白がっているんでしょ。

乙：我真的是一无所知，叫我说什么呢?
Wǒ zhēn de shì   jiào wǒ shuō shén me ne
僕は本当に何も知らないよ。君は僕に何を話せと言うんだい？

甲：你葫芦里到底卖的什么药，总是守口如瓶的。
Nǐ   dào dǐ   zǒng shì   de
いったい何を企んでるの、いつも秘密にしているじゃない。

乙：别在这儿瞎★4猜，我不跟你多说了。
Bié zài zhèr xiā cāi   wǒ bù gēn nǐ duō shuō le
むやみに勘ぐらないでくれよ。僕は君と余計な話はしないからね。

解説 • • •

★1：直訳は「ヒョウタンの中ではどんな薬を売っているのか？」。

★2：「口が軽い」という成句はありませんが、多嘴多舌「口数が多い」が近い表現です。

★3：拿…开心の拿は、後ろに対象となる人が置かれ、「～をからかう」の意味です。

★4：瞎はもともと「目の見えない」という意味で、「むやみに」「やたらに」などの副詞の用法もあります。

慣 盼星星盼月亮 ★1
　　　　　　pàn xīng xing pàn yuè liang

首を長くして待つ／待ちに待った

成 耳目一新
　　　ěr mù yì xīn

目新しく以前とは異なる

成 独占鳌头 ★2
　　　dú zhàn áo tóu

トップや1番になること

成 再接再厉
　　　zài jiē zài lì

なお一層努力する

類似表現 ➡ **成** 更上一层楼 gèng shàng yì céng lóu

会話

甲：盼星星盼月亮，终于盼到新品发布会了。
　　　　　　　　　　　　zhōng yú pàn dào xīn pǐn fā bù huì le

待ちに待った、新商品発表会の時がついに来ましたね。

乙：我们公司的每款★3新品都能给人耳目一新的感觉。
　　Wǒ men gōng sī de měi kuǎn　xīn pǐn dōu néng gěi rén　　　　　　de gǎn jué

わが社のどの新しいデザインも、斬新な印象を与えると思いますよ。

甲：是啊，要不然★4怎么能够在业内独占鳌头呢！
　　Shì a，yào bu rán　zěn me néng gòu zài yè nèi　　　　　ne

そうですね。そうでなければ、この業界でトップに立つことはできませんよ！

乙：说的也是，不过大家仍应再接再厉，不可松懈才是。
　　Shuō de yě shì　bú guò dà jiā réng yīng　　　　　bù kě sōng xiè cái shì

その通り。けれども全員がなお一層努力し、怠けないようにしなくてはいけませんね。

解説 • • • ━━━━━━━━━━━━━━━━━

★1：直訳は「星を待ち望み、月を切望する」。盼は、盼望「待ち望む」の意味です。

★2：鳌头は大きなウミガメの頭のこと。中国の科挙試験にトップで合格した者
　　が石段に刻まれた鳌头を踏んだことから転じた言い方です。

★3：款は「デザイン」の意味で、型や様式を数える量詞です。

★4：「さもなければ」の意味。要不または否则 fǒuzé とも言います。

成 <ruby>心不在焉<rt>xīn bú zài yān</rt></ruby>　心ここにあらず／うわの空

類似表現 → 成 漫不经心 màn bù jīng xīn (→P.18)

慣 <ruby>一锅粥<rt>yì guō zhōu</rt></ruby>　ごちゃごちゃと混乱したさま

参考表現 → 成 乱七八糟 luàn qī bā zāo (→P.61/P.139)

成 <ruby>一臂之力<rt>yí bì zhī lì</rt></ruby>　一臂の力／ちょっとした助力 (→P.162)

慣 <ruby>吃定心丸<rt>chī dìng xīn wán</rt></ruby>★1　気持ちが落ち着く／安心する

会話

经理：看你最近工作心不在焉的，是不是有什么心事?
Kàn nǐ zuì jìn gōng zuò de shì bu shì yǒu shén me xīn shì

最近、あなたの仕事ぶりはどうも心ここにあらずね、何か心配ごとがあるの?

职员：不瞒您说★2，我老婆住院了，现在家里乱成一锅粥。
Bù mán nín shuō wǒ lǎo po zhù yuàn le xiàn zài jiā li luàn chéng

実を申しますと家内が入院していて、家の中がめちゃくちゃなんです。

经理：有什么需要我帮忙的? 也许可以助你一臂之力★3。
Yǒu shén me xū yào wǒ bāng máng de Yě xǔ kě yǐ zhù nǐ

何か私にできることはあるかしら? 多少は力になれると思うけど。

职员：有经理您这句话，我就像吃了颗定心丸。
Yǒu jīng lǐ nín zhèi jù huà wǒ jiù xiàng le kē

そう言ってくださって、本当に安心いたしました。

解説 ● ● ● ●

★1：直訳は「鎮静剤を飲む」。「薬を飲む」は吃药 chī/yào。定心丸は人を安心
　　させる言葉の例えで、定心丸に合わせて用いる述語は吃です。

★2：瞒は「だます」という意味で、不瞒您说は「事実を隠さず言う」となります。
　　類似表現に老实说や说实在的などがあります。

★3：「人にわずかな力を貸す」を表現する場合は"助＋対象人物＋一臂之力"の形です。

成 **桃李满天下** ★1 教え子が至るところで活躍している
táo lǐ mǎn tiān xià

成 **不计其数** ★2 数が大変多い
bú jì qí shù

反対表現 ➡ 成 寥寥无几 liáo liáo wú jǐ

慣 **松一口气** ほっとする／安心する
sōng yì kǒu qì

成 **如释重负** 重荷を下ろしたかのよう
rú shì zhòng fù

類似表現 ➡ 慣 一块石头落了地 yí kuài shítou luòle dì

会話

学生：老师，您教★3了这么多年书★3，可说是桃李满天下。
Lǎo shī nín jiāo le zhè me duō nián shū kě shuō shì

先生は長年教鞭をとってこられて、至るところに教え子がいらっしゃいますね。

老师：我教过的学生不计其数，分布在全国各个角落呢。
Wǒ jiāo guo de xué sheng fēn bù zài quán guó gè gè jiǎo luò ne

教えた学生の数は多くて数えきれないね、国中のあちこちに散らばっているよ。

学生：退休以后，您就可以松一口气了！
Tuì xiū yǐ hòu nín jiù kě yǐ le

退職されたら、ほっと一息つけますね！

老师：是啊！我现在有一种如释重负的感觉。
Shì a Wǒ xiàn zài yǒu yì zhǒng de gǎn jué

そうだね！ 今はもう重荷を下ろしたような気持ちになっているよ。

解説 • • • • • • • • • • • • • • • • • •

★1：直訳は「桃とすももは全国に満ちている」。桃李は、桃子「桃」と李子「すもも」のことですが、「門下生」の例えです。

★2：数が数えきれないほど多い場合、口語ではしばしば数不清と表現します。反対表現の寥寥无几は「わずかな数」「いくらもない」という意味です。

★3：教书は離合詞で、「教鞭をとる」「教師をしている」の意味です。

慣 够朋友 ★1
gòu péng you

友達がいがある／親友と言える

類似表現 ➡ **慣 够意思** gòu yìsi

成 赞不绝口
zàn bù jué kǒu

絶賛する（→P.164）

慣 碰一鼻子灰 ★2
pèng yì bí zi huī

断られる／つまらない思いをする

類似表現 ➡ **慣 碰钉子** pèng dīngzi（→P.77）　　**慣 碰壁** pèng/bì（→P.156）

慣 大手大脚
dà shǒu dà jiǎo

金遣いが荒いさま

会話

甲：**小郭这人** ★3 **可真不够朋友！**
Xiǎo Guō zhè rén　　kě zhēn bú

郭くんのやつ、なんて友達がいのないやつなんだ！

乙：**怎么啦? 你以前不是对他赞不绝口吗?**
Zěn me la　Nǐ yǐ qián bú shì duì tā　　　　ma

どうしたの？　あなたは以前、彼のことをべた褒めしてたじゃない？

甲：**昨天跟他借点儿钱，结果碰了一鼻子灰。**
Zuó tiān gēn tā jiè diǎnr qián　jié guǒ　le

昨日お金をちょっと借りようと思ったら、きっぱり断られたんだ。

乙：**咳，你大手大脚的，他有钱也不敢借给你呀！**
Hài　nǐ　　　　　de　tā yǒu qián yě bù gǎn jiè gěi nǐ ya

ああ、あなたは金遣いが荒いからね、彼はお金があってもあなたには貸さないわよ！

解説 • • •

★1：直訳は「友達としてのよしみが足りる」。够意思は「友情が厚いこと」を指
　　します。意思は本来「意味」として用いられますが、有意思は「面白い」、
　　不好意思は「恥ずかしい」、小意思は「ほんの気持ち」などの表現もあります。

★2：直訳は「ぶつけて鼻全体がほこりだらけ」。钉子は「くぎ」という意味です。

★3：ここでは、这人は「こいつ」のニュアンスです。

成 眼花缭乱　yǎn huā liáo luàn　色とりどりで目がちらちらする

類似表現 ➡ **成** 目不暇接　mù bù xiá jiē ★1

成 有口皆碑　yǒu kǒu jiē bēi　誰もがみな褒めたたえる

慣 吃不消 ★2　chī bu xiāo　たまらない／耐えられない

慣 一分钱一分货　yì fēn qián yì fēn huò　値段相当の品物

参考表現 ➡ **慣** 便宜没好货 piányi méi hǎohuò（→P.67）

会話

顾客：这儿的衣服真多，看得我眼花缭乱。
Zhèr de yī fu zhēn duō　kàn de wǒ
こんなにたくさん服があると、目移りしてしまうわ。

店员：是啊，不但款式新，而且质量也是有口皆碑。
Shì a　bú dàn kuǎn shì xīn　ér qiě zhì liàng yě shì
はい、新しいスタイルの商品をそろえているだけでなく、品質にも定評があります。

顾客：就是 ★3 价格太贵了，让人有点儿吃不消。
Jiù shi　jià gé tài guì le　ràng rén yǒu diǎnr
ただ、値段が高すぎるわ。これではちょっと手が出ないわね。

店员：一分钱一分货嘛，你看衣服质量多好！
ma　nǐ kàn yī fu zhì liàng duō hǎo
お値段だけのことはありますよ。この洋服の品質のよさをご覧ください！

解説 ●

★1：目不暇接は「多すぎて見きれない」の意味です。

★2：吃不消は可能補語型の慣用表現（122 ページのコラム参照）。

★3：就是は逆接の接続詞で、類似表現に可是、但是、不过などがあります。

成 争先恐后 （zhēng xiān kǒng hòu）　遅れまいと先を争う

成 数一数二 （shǔ yī shǔ èr）　一、二を争う／屈指の（くっし）（→P.159）

慣 摆架子★1 （bǎi jià zi）　もったいぶる／威張る

類似表現➡ **慣** 拿架子 ná jiàzi　**慣** 端架子 duān jiàzi

成 白手起家★2 （bái shǒu qǐ jiā）　裸一貫から身を起こす

会話

甲：那人是谁呀? 怎么这么多人争先恐后地跟他合影★3?
（Nà rén shì shéi ya　Zěn me zhè me duō rén 　de gēn tā hé yǐng）
あの人は誰?　なぜあんな大勢の人が先を争って一緒に写真を撮ってもらおうとしているの?

乙：他可是我们这里数一数二的大企业家。
（Tā kě shì wǒ men zhè li 　de dà qǐ yè jiā）
彼はここらでは、一、二に数えられる大企業家なんだよ。

甲：还真看不出来，一点儿都不摆架子★1。
（Hái zhèn kàn bu chū lái　yì diǎnr dōu bù）
そんな風には全く見えませんよ、少しも威張っていませんね。

乙：人家是一个人白手起家，懂得人生不易呀!
（Rén jia shì yí ge rén 　dǒng de rén shēng bú yì ya）
あの人は裸一貫から身を起こしたので、人生はそう生易しくないとわかっているんだよ!

解説 • • •

★1：架子はもともと「棚」を指し、ここでは「偉そうな態度」を意味します。また、
　　一点儿都不摆架子は一点儿架子都没有とも言います。

★2：白手は「何も持っていない素手」、つまり「無一文の裸一貫」という意味で、
　　白手成家も同様の表現です。

★3：2人以上で一緒に写真を撮る、もしくは撮った写真を合影と言います。ちなみ
　　に、合影留念 hé/yǐng liú/niàn で「記念撮影」となります。

慣 爱理不理 ★1　まじめに取り合おうとしない冷たい態度
ài lǐ bù lǐ

成 恼羞成怒　恥ずかしさのあまり怒りだす
nǎo xiū chéng nù

慣 一是一，二是二　事実通りである
yī shì yī　èr shì èr

慣 公事公办 ★2　公正に物事を処理する
gōng shì gōng bàn

反対表現 ➡ **慣** 走后门 zǒu hòumén

会話

男乗客：我想订一张下周三往西安的卧铺★3票。
Wǒ xiǎng dìng yì zhāng xià zhōu sān wǎng Xī ān de wò pù piào
来週水曜日の、西安行きの寝台列車の切符を1枚ください。

售票员：大过年的，票早卖完啦！
Dà guò nián de　piào zǎo mài wán la
旧正月の期間中で、切符はとっくに完売してますよ！

男乗客：你这是什么态度，爱理不理的。
Nǐ zhè shì shén me tài du　de
君はなんでそうけんもほろろな態度をするんだ。

售票员：怎么恼羞成怒了呢? 一是一,二是二，公事公办！
Zěn me　le ne
何でそうひどく怒るのですか？ こちらは事実を申し上げて、公正に処理しているんです！

解説 ●

★1：直訳は「相手にしてくれたり、くれなかったり」。爱答不理とも言います。

★2：直訳は「公のことは公の規定通りに処理する」。つまり、情実にとらわれる
　　 ことなくマニュアル通りに行うこと。反対表現の走后门は「コネで事を運ぶ」
　　 という意味です。

★3：卧铺は列車や長距離バスの寝台を指します。また、等級によって软卧
　　 ruǎnwò「一等」、硬卧 yìngwò「普通」などの呼び方があります。

成 滔滔不绝　　　よどみなく話し続けるさま
　　tāo tāo bù jué

類似表現 ➡ 成 口若悬河 kǒu ruò xuán hé (→P.142)

慣 串门子　　　人の家を回って世間話をする
　　chuàn mén zi

成 青梅竹马★1　　　竹馬の友／幼なじみ (→P.157)
　　qīng méi zhú mǎ　　ちくば　とも

慣 脚踩两只船★2　　　二股をかける
　　jiǎo cǎi liǎng zhī chuán

参考表現 ➡ 慣 两边倒 liǎng biān dǎo　　**慣** 一边倒 yì biān dǎo

会話

女生：我同屋一提起你就滔滔不绝，是不是对你有好感?
　　　Wǒ tóng wū yì tí qǐ nǐ jiù　　　shì bu shì duì nǐ yǒu hǎo gǎn
ルームメイトはあなたのことを話し出すと止まらないの、あなたに気があるんじゃない?

男生：多少有那么点儿吧，不然她怎么常来串门子呢。
　　　Duō shao yǒu nà me diǎnr ba　　bù rán tā zěn me cháng lái　　ne
多少はそうかも。そうでなきゃ、あんなにしょっちゅうおしゃべりをしに来ないよな。

女生：少臭美了！其实人家早有一个青梅竹马的男朋友了。
　　　Shǎo chòu měi le　　Qí shí rén jia zǎo yǒu yí ge　　de nán péng you le
うぬぼれたらだめよ！　実はあの子には、幼なじみのボーイフレンドがとっくにいるのよ。

男生：你怎么不早说，害得我差点儿★3就脚踩两只船。
　　　Nǐ zěn me bù zǎo shuō　　hài de wǒ chà diǎnr　　jiù
なんで早く言ってくれないんだ。危うく二股をかけられるところだったよ。

解説 ●●●

★1：青梅竹马と日本語の竹馬の友は共に「幼なじみ」の意味ですが、中国語の
　　　場合は異性の関係、日本語の場合は男同士を指して使うことが多いです。

★2：直訳は「二隻の船に足をかける」で、脚踏两只船とも言います。参考表現では、
　　　两边倒「都合のよいほうにつく」、一边倒「一方的に偏る」があります。

★3：差点儿は差一点儿のことで、「もう少しで〜ところだった」という意味です。

パート**②**　会話で覚えよう―数字編

慣 一问三不知 ★1 しらをきる／
何を聞いてもわからない (→P.49/P.83)

yí wèn sān bù zhī

反対表現 ➡ **成** 举一反三 jǔ yī fǎn sān

成 似懂非懂
sì dǒng fēi dǒng
わかったようなわからないような

慣 当回事(儿) ★2
dàng huí shì r
本気に受け止める／真剣に対応する

成 一五一十
yì wǔ yì shí
漏れなく／一切合切 (いっさいがっさい)

会話

老师：你是怎么搞的? 今天的课一问三不知。
Nǐ shì zěn me gǎo de　Jīn tiān de kè
君、何をやっているんだ？　今日の授業がさっぱりわからないなんて。

学生：前几节课听得似懂非懂的，课后也没复习。
Qián jǐ jié kè tīng de　de　kè hòu yě méi fù xí
ここ何回かの授業がいまひとつわからなくて、復習もまだしていないんです。

老师：看来你是没把学习当回事儿！
Kàn lái nǐ shì méi bǎ xué xí
さては、勉強に真剣に取り組んでいないな！

学生：我一五一十地告诉您，这几天每天忙着★3打工……
Wǒ　de gào su nín　zhè jǐ tiān měi tiān máng zhe　dǎ gōng
すべて正直に白状しますが、ここ数日、私は毎日アルバイトで忙しいんです……。

解説 ● ● ●

★1：直訳は「聞いても、あれも・これも・それもわからない」。つまり何も知道「何もわからない」ということ。反対語は举一反三で「一を聞いて十を知る」。

★2：回事儿を用いた表現として、怎么回事儿「どうしたの」、原来是这么回事儿「なるほどそういうことだったのか」などがあります。

★3：忙着は、動詞の忙＋助詞の着で「～するのに忙しい」という意味です。

jiē èr lián sān
成 接二连三　　次から次へと

lì gān jiàn yǐng
成 立竿见影　　効果が直ちに表れる

duì zhèng xià yào
成 对症下药　　状況に応じて問題解決の手段をとる

lǎo dà nán
慣 老大难★1　　長い間解決しにくい問題

反対表現 ➡ 慣 不费吹灰之力 bú fèi chuī huī zhī lì

パート② 会話で覚えよう—数字編

会話

Zhèng fǔ　　　　　　　　　de chū tái zhèng cè　　fáng jià hái shi bù tíng de zhǎng
甲：政府接二连三地出台政策，房价还是不停地涨★2。
政府は次々と政策を打ち出していますが、家屋の値段はまだ上昇し続けていますね。

Shuō shén me　　　yě děi yí duàn shí rì　　　nǎr néng mǎ shàng　　　　ne
乙：说什么★3也得一段时日，哪儿能马上立竿见影呢?
どうしても一定の時間は必要ですね、効果がすぐに表れるものではないでしょう?

Wǒ rèn wéi zhèi xiē zhèng cè dōu méi you
甲：我认为这些政策都没有对症下药。
これらの政策はどれも、状況に合った適切な対処ではないと思いますが。

Qí shí fáng jià gāo zài qí tā guó jiā yě shì ge　　　wèn tí
乙：其实房价高在其他国家也是个老大难问题。
実際、住宅価格の高騰は、ほかの国でもなかなか根深い問題になっていますね。

解説 • • •

★1：直訳は「古い大きな難題」。特に長期化して問題が山積みしている場合に用い、
　　老大难单位「頭痛の種になっている部門」、老大难班级「問題だらけのクラス」
　　のように使われます。不费吹灰之力は「やすやすと簡単にできる」の意味です。

★2：涨は涨价のことで「値上がり」という意味です。「値下がり」は跌价 diē/
　　jià、もしくは降价 jiàng/jià です。

★3：「どうしても〜」の意味で、也と前後で呼応して用います。怎么也と同じ用法。

慣 sān tiān dǎ yú liǎng tiān shài wǎng
三天打鱼，两天晒网★1 三日坊主

類似表現 ⇒ 慣 五分钟热度 wǔ fēnzhōng rèdù (→P.117)

成 yí shì wú chéng
一事无成　何事も成し遂げることができない

成 fēng yǔ wú zǔ
风雨无阻　雨にも負けず風にも負けず

歇 Lǎo Wáng mài guā zì mài zì kuā
老王卖瓜，自卖自夸★2 手前味噌／自画自賛

類似表現 ⇒ 成 自吹自擂 zì chuī zì léi

会話

Wǒ zhè rén de zhǐ huì
甲：我这人三天打鱼，两天晒网的，只会一事无成。
私ってどうも三日坊主で、何をやってもやり遂げることができないわ。

Nǐ kàn wǒ měi tiān jiān chí duàn liàn shēn tǐ duō bàng
乙：你看我每天坚持锻炼，风雨无阻，身体多棒★3！
僕は雨にも風にも負けず毎日鍛えているから、こんなにたくましい体になったよ！

Dé le bié zài zhè li le
甲：得了，别在这里老王卖瓜，自卖自夸了。
はいはい、自画自賛しないでくださいよ。

Běn lái jiù shì ma
乙：本来就是嘛。
事実を言っただけなのに。

解説 •

★1：直訳は「3日漁に出て、2日網を干す」、つまり「長続きしないこと」の例え。
　　ちなみに网は近年、インターネットの「ネットワーク」の意味として用い
　　ることが多くなっています。
★2：直訳は「王さんは瓜を売りながら、自分の瓜を褒める」。
★3：多は多么で「実に・なんて」、棒は体に使う場合「たくましい」を意味します。

huǒ mào sān zhàng
慣 **火冒三丈**★1　ひどく怒っている

dōng jiā cháng　xī jiā duǎn
慣 **东家长，西家短**　井戸端会議

zhēn shi de
慣 **真是的**　まったくもう／なんてことだ

luàn qī bā zāo
成 **乱七八糟**　めちゃくちゃである（→P.139）

参考表現 ➡ 慣 **一锅粥** yì guō zhōu（→P.51）

会話

Nǐ zěn me cái　lái　Tā dōu yǐ jing děng de　　　　le
甲：**你怎么才**★2**来? 他都已经等得火冒三丈了！**
どうして今頃来たの？ 彼はカンカンに怒って待ってるわよ！

Gāng cái yí ge lǎo tóng xué tū rán lái zhǎo wǒ　　　　　　　　de
乙：**刚才一个老同学突然来找我，东家长，西家短的。**
さっき昔のクラスメートが急に来てさ、長々とおしゃべりしていったんだよ。

zhè dōu shén me　　　　de shì　Gǎn jǐn qù jiàn tā ba
甲：**真是的，这都什么乱七八糟的事！赶紧去见他吧。**
まったくもう、何を訳のわからないことを言っているの！ すぐに彼に会いに行って。

Jí shén me　　　wǒ hái děi xiān qù tàng xǐ shǒu jiān
乙：**急什么**★3**，我还得先去趟洗手间**★4**。**
まぁまぁ、何を慌ててるの、ちょっと先にトイレに行ってくるから。

解説・・・

★1：直訳は「炎は三丈の高さまで燃え上がる」。「激怒する」という口語表現は
　　ほかにも、气坏了 qìhuài le や气死了 qìsǐ le などがあります。

★2：この才は、「時間的に遅い」というニュアンスです。

★3：急什么は反語表現で、不急「慌てない」の意味で使われています。

★4：「トイレに行く」という表現はほかにも、上厕所 shàng cèsuǒ や上一号
　　shàng yīhào などがあります。

成	bù sān bú sì **不三不四**	ろくでもない
成	rě shì shēng fēi **惹是生非**	いざこざを引き起こす
慣	bù zhī tiān gāo dì hòu **不知天高地厚**	無鉄砲である

類似表現 ➡ 慣 不知死活 bù zhī sǐ huó

慣	chī ruǎn bù chī yìng **吃软不吃硬**	強い相手に強く反発するが、 弱い相手にはやさしい

参考表現 ➡ 成 软硬不吃 ruǎn yìng bù chī★1

会話

Ér zi zhěng tiān gēn yì qún　　　de rén zài wài　　　　hái dé liǎo
妈：**儿子整天跟一群不三不四的人在外惹是生非，还得了★2！**
あの子ったら一日中、ろくでもない連中と外でもめ事を起こして、ほんとしょうがないわ！

Bù hǎo hāor jiào xùn jiao xun tā　　dōu　　　　le
爸：**不好好儿教训教训他，都不知天高地厚了。**
よくよく言って聞かせなさい、全く向こう見ずなんだからな。

Gàn shén me　　Nǐ bù zhī dào tā yí xiàng　　　　ma
妈：**干什么！你不知道他一向吃软不吃硬吗?**
何よ！あの子が強く言うと反発して、下手(したて)に出れば聞き入れることは、知っているでしょ？

Nǐ kàn kan　　tā xiàn zài zhè dé xing　　dōu shi nǐ guàn　de
爸：**你看看，他现在这德性★3，都是你惯★3的！**
見ろ、あの子があんな風になったのは、みんなお前が甘やかしたからだ！

解説 • • •

★1：软硬不吃は「強気に出ても弱気になっても相手にされない」こと。いわば、
　　日本語の「煮ても焼いても食えない」という表現にあたります。

★2：得了は「無事に済む」の意味で、还得了は反語文、つまり不得了「大変だ」
　　の意味になります。

★3：德性は一般に他人の言動をけなすときに用いる言葉で、惯は「甘やかす」の意味です。

慣 _{gāo bù chéng　 dī bú jiù}
高不成，低不就　　帯に短し、たすきに長し

成 _{tiāo sān jiǎn sì}
挑三拣四　　　　　あれこれ選り好みをする

諺 _{sān bǎi liù shí háng　　háng háng chū zhuàng yuan}
三百六十行，行行出状元★1
　　　　　　　　どの職業にも成功者がいる

成 _{wǒ xíng wǒ sù}
我行我素　　　　　わが道を行く／マイペース

会話

_{Sūn zi bì yè dōu　　yì nián le　　zěn me hái méi ge xiàng yàng de gōng zuò}
爷爷：孙子毕业都★2一年了，怎么还没个像样的工作?
孫は卒業して1年たつのに、なんでまだちゃんとした仕事がないんだ？

_{Gōng zuò dào huàn le bù shǎo　　dàn dōu　　shì}
奶奶：工作倒换了不少，但都★2是高不成，低不就。
いろいろ転職はしたのだけれど、どれも帯に短し、たすきに長しですって。

_{de gàn má}
爷爷：挑三拣四的干吗★3? 三百六十行，行行出状元。
何をあれこれ選り好みをしているのかね？　どんな仕事でも成功者はいるというのに。

_{Yǒu shén me bàn fǎ　　wǒ yě zhè me quàn tā　　kě tā yī rán}
奶奶：有什么办法，我也这么劝他，可他依然我行我素。
仕方ないわよ。私もそれなりにアドバイスしたけど、相変わらずマイペースなのよ。

解説 ● ● ●

★1： 直訳は「360の業種から、どの職業も状元が出る」。状元とは科挙試験のトップ合格者のことで、「最も優れた者」の代名詞です。ちなみに、科挙試験の2位と3位は、それぞれ榜眼 bǎngyǎn、探花 tànhuā と呼ばれました。

★2： 毕业都一年了の都は都已经「もうすでに」の意味で、それに対し、但都是高不成，低不就の都は全部都「すべて」の意味になります。

★3： 干吗「なんで・どうして」はほかに、干什么 gàn shénme や干嘛 gànmá とも言います。

慣 **吊胃口** ★1　diào wèi kǒu　興味をかき立てる／相手の気を引く

慣 **倒胃口** ★1　dǎo wèi kǒu　うんざりする／嫌になる

類似表現 ➡ 慣 败胃口 bài wèikǒu

成 **颠三倒四**　diān sān dǎo sì　話が支離滅裂である

反対表現 ➡ 成 头头是道 tóu tóu shì dào（→P.22）

慣 **炒冷饭** ★2　chǎo lěng fàn　内容に新鮮味がない／二番煎じ

会話

甲：Zuó tiān de diàn yǐng zěn me yàng　Gōng yìng qián kě shì　zú le guān zhòng de
昨天的电影怎么样？公映前可是★3吊足了观众的胃口。
昨日の映画はどうだった？　公開前はみんなとても<u>興味津々</u>だったけれど。

乙：Nǐ yào kàn le jiù děi dà　le
你要看了就得大倒胃口了！
君も見たら絶対に<u>うんざりする</u>よ！

甲：Zhè huà zěn me shuō
这话怎么说？
いったいどうしたの？

乙：Qíng jié　tí cái yě shì　bié ren de
情节颠三倒四，题材也是炒别人的冷饭。
ストーリーは<u>支離滅裂</u>で、テーマもほかの映画の<u>焼き直し</u>だったんだ。

解説 ••• •••••••••••••••••••••••••••••

★1：直訳すると、吊胃口は「食欲を吊り上げる」、倒胃口は「食欲を後退させる」。胃口は「食欲」を表します。ちなみに対胃口なら「性に合う・好みに合う」という意味です。

★2：直訳は「冷たいご飯を炒める」。つまり、同じことの繰り返しであること。

★3：ここの可是は、逆接の「しかし」の意味はなく、後ろの述語の部分を強調します。

慣 八字没一撇 bā zì méi yì piě ★1　　目鼻がつかぬ

反対表現 ➡ **慣** 有眉目 yǒu méimu（→P.164）

慣 闹着玩儿 nào zhe wánr　　冗談を言う／遊び半分

類似表現 ➡ **慣** 开玩笑 kāi wánxiào ★2（→P.81）

成 梦寐以求 mèng mèi yǐ qiú　　長年の夢の例え

類似表現 ➡ **成** 求之不得 qiú zhī bù dé ★3

会話

甲：什么时候喝你的喜酒★4？
Shén me shí hou hē nǐ de xǐ jiǔ

いつあなたの結婚式に参加できるかしら？

乙：八字都没一撇呢！到现在连个女朋友都没有。
dōu　ne　Dào xiàn zài lián ge nǚ péng you dōu méi yǒu

結婚の「け」の字もないのだから！　いまだにガールフレンドでさえいないよ。

甲：我把我妹妹介绍给你，怎么样?
Wǒ bǎ wǒ mèi mei jiè shào gěi nǐ　zěn me yàng

うちの妹を紹介してあげましょうか？

乙：你不是闹着玩儿的吧? 她可是我梦寐以求的对象。
Nǐ bú shì　de ba　Tā kě shì wǒ　de duì xiàng

冗談ではないよね？　彼女って僕の待ちわびた理想の相手なんだよ。

解説 ● ● ●

★1：直訳は「八という文字の左払い（1画目）もまだ書いていないのに」。転じて、「めどが立たない・物事を進めるなんの糸口もない」という意味です。

★2：「～に冗談を言う」は、跟…开玩笑と表します。

★3：求之不得は「求めても得られない」、つまり「願ってもない」という意味です。

★4：喜酒は結婚式で飲む祝い酒、つまり結婚披露宴のことです。ちなみに、結婚式あるいは婚約時に人に配るお祝いの飴は喜糖 xǐtáng と言います。

慣 bā jiǔ bù lí shí
八九不离十　十中八九／ほぼ間違いない（→P.146）

類似表現 ➡ **成** 十有八九 shí yǒu bā jiǔ（→P.67/P.159）

成 十之八九 shí zhī bā jiǔ

成 jīn bǎng tí míng
金榜题名　試験に合格することの例え

反対表現 ➡ **成** 名落孙山 míng luò Sūn Shān★1（→P.131）

成 rú yuàn yǐ cháng
如愿以偿　願いがかなう

会話

甲：Nǐ nǚ ér jīn nián de gāo kǎo   dì yī zhì yuàn kěn dìng méi wèn tí ba
你女儿今年的高考★2第一志愿肯定没问题吧？
君の娘さん、今年の大学の受験、第1志望はきっと大丈夫だよね？

乙：Nà hái yòng wèn   míng tiān fàng bǎng   wǒ kàn
那还用问，明天放榜，我看★3八九不离十。
当然よ。明日発表なんだけど、十中八九は大丈夫だと思っているわ。

甲：Xiān yù zhù tā
先预祝她金榜题名。
まず彼女が無事に合格することを祈っているよ。

乙：Duō nián de nǔ lì jiù yào   le   zhēn ràng rén gāo xìng
多年的努力就要如愿以偿了，真让人高兴。
娘はとても努力していたし、彼女の希望がかなえば、私も本当にうれしいわ。

解説 ● ● ●

★1：名落孙山は金榜题名の反対表現。中国の宋の時代、孙山は科挙試験にすれすれの最下位で受かり、この孙山よりも順位が後ろの者は試験に落ちたことになるため、名落孙山は「不合格」の代名詞でもあります。

★2：中国の高考は、高校の入試ではなく「大学入試」を指します。ちなみに、大学院を受験することは考研、修士は硕士 shuòshì 研究生、博士は博士研究生と言います。

★3：我看の看は、「私の考えでは」「私はこう思う」の意味です。

慣 贪小便宜　tān xiǎo pián yi
うまい汁を吸う／得をとろうとする

類似表現 ➡ **慣** 捞油水 lāo yóushui★1

慣 便宜没好货　pián yi méi hǎo huò ★2
安かろう悪かろう／安物買いの銭失い

成 一概而论　yí gài ér lùn
一概に論じる／
決めつける（多くは否定に用いる）（→P.162）

成 十有八九　shí yǒu bā jiǔ
十中八九／大半（→P.159）
じっちゅうはっく

類似表現 ➡ **慣** 八九不离十 bā jiǔ bù lí shí（→P.66/P.146）

会話

甲：**现在团购很火★3，听说挺实惠的，哪天咱们也试试？**
Xiàn zài tuán gòu hěn huǒ　tīng shuō tǐng shí huì de　nǎ tiān zán men yě shi shi
最近、まとめ買いがはやっていて、結構お得らしいわよ。そのうち私たちも試してみない？

乙：**我才不贪这个小便宜呢。便宜没好货。**
Wǒ cái bù　zhèi ge　ne
そういううまい話には、僕は乗りたくないな。安物買いの銭失いになるだけだよ。

甲：**不能一概而论吧？ 我看网上就有不少好评。**
Bù néng　ba　Wǒ kàn wǎng shàng jiù yǒu bù shǎo hǎo píng
そう決めつけたものでもないんじゃない？　ネットでは結構好評なのよ。

乙：**这些说好话的十有八九就是人家的托儿。**
Zhèi xiē shuō hǎo huà de　jiù shi rén jia de　tuōr
そういう評判を言っているのは、十中八九、売り手が仕組んだサクラだって。

解説 ● ● ●

★1：油水はもともと「料理に含まれる油分」を言い、転じて「うまみ」を指します。

★2：便宜没好货の対句は好货不便宜「良い品は高い」です。

★3：火は红火 hónghuo の略で「大変勢いがあって、活気にあふれる」の意味。よく商売繁盛の表現に使われます。

諺 女大十八変 nǚ dà shí bā biàn 少女から美しく成長していくさま

成 温文尔雅 wēn wén ěr yǎ 穏やかで上品である

類似表現 ▶ **成** 彬彬有礼 bīn bīn yǒu lǐ (→P.125)

成 一表人才 yì biǎo rén cái 端整な顔立ちで、教養のある男性

慣 拍马屁★1 pāi mǎ pì ごまをする／お世辞を言う

類似表現 ▶ **慣** 抬轿子 tái jiàozi **慣** 马屁精 mǎpìjīng

会話

男：真是女大十八变哪，都快认不出来了！
Zhēn shì na dōu kuài rèn bu chū lái le
女性は年頃になると美人になると言うけれど、まるで君とはわからなかったよ！

女：你没怎么变，还是那么温文尔雅、一表人才。
Nǐ méi zěn me biàn hái shi nà me
あなたは変わらないのね。相変わらず温和で上品、教養があって、すてきね。

男：别拍马屁啦！说正经★2**的，有对象了吗?**
Bié la Shuō zhèng jing de yǒu duì xiàng le ma
お世辞はよしてくれよ！ まじめな話、彼氏はいるのかい？

女：我正愁着呢。你可有合适★3**的人选?**
Wǒ zhèng chóu zhe ne Nǐ kě yǒu hé shì de rén xuǎn
それが悩みの種なの。誰かいい人を紹介してくれない？

解説 ●

★1： 直訳は「馬の尻をたたく」。抬轿子は「おだてて担ぎ上げる」ことの例えで、马屁精は名詞として用い、「おべっか使い」という意味です。

★2： 正经は「まともな」の意味で、正经人は「まじめな人」、假正经は「まじめぶる」「猫かぶり」などの表現があります。说正经的は「冗談抜き」の意味。

★3： 合适「ちょうどよい」は形容詞で、适合「～に合う」は動詞です。

慣 占便宜
zhàn pián yi
不当な手段で得をする

参考表現 ▶ 慣 敲竹杠 qiāo zhúgàng ★1

成 讨价还价 ★2
tǎo jià huán jià
値段の駆け引きをする

類似表現 ▶ 慣 讲价钱 jiǎng jiàqian

成 千载难逢
qiān zǎi nán féng
千載一遇／
せんざいいちぐう
めったにないチャンス (→P.157)

慣 睁着眼睛说瞎话
zhēng zhe yǎn jing shuō xiā huà
平気ででたらめを言う

会話

小贩：欸，别走！价钱可以再商量，我绝不占你便宜！
Éi bié zǒu Jià qian kě yǐ zài shāngliang wǒ jué bú nǐ
ちょっと、待って！ お値段ならもう一度相談しますから、絶対ごまかしませんから！

游客：今天不管怎么说★3，就这个价，其余免谈。
Jīn tiān bù guǎn zěn me shuō jiù zhèi ge jià qí yú miǎn tán
どっちにしたって、今日はこの値段じゃなきゃ、話に乗りませんよ。

小贩：行！不要再讨价还价了，这可是千载难逢的好机会。
Xíng Bú yào zài le zhè kě shì de hǎo jī huì
わかりました！ もう駆け引きはやめましょう。このお値段は、どこにもないですよ。

游客：你可不能睁着眼睛说瞎话，就听你这一次吧。
Nǐ kě bù néng jiù tīng nǐ zhè yí cì ba
でたらめではないでしょうね、今回限りですからね。

解説

★1：敲竹杠は「ぼったくる」「ふっかける」という意味です。

★2：値段交渉をする際は、能不能再便宜点儿「もう少し安くしてくれないか」、
再打个折吧「もうちょっと割り引きしてよ」などの表現で値切ります。

★3：不管怎么说は強調の表現で「いずれにせよ」「とにかく」の意味になります。

chéng qiān shàng wàn
成 **成千上万** 数が極めて多いさま

類似表現 ▶ 成 **成千成万** chéng qiān chéng wàn

yí shì tóng rén
成 **一視同仁** 一視同仁／平等に扱うこと (→P.163)
いっ し どう じん

dǎ zhé kòu
慣 **打折扣**★1 手を抜く／手加減する

dà dāo kuò fǔ
成 **大刀阔斧** 大なたを振るい、思い切ってやる

会話

Zhè jǐ nián de zhōng xiǎo qǐ yè yīn róng zī kùn nan dǎo bì le
甲：**这几年成千上万**的中小企业因★2融资困难倒闭了。

ここ数年、融資が受けにくくなったために、かなり多くの中小企業が倒産していますね。

Zhèng fǔ bú shì yí guàn tí chàng duì suǒ yǒu de qǐ yè ma
乙：政府不是一贯提倡对所有的企业**一视同仁**吗?

すべての企業を平等に扱うよう、政府は一貫して指導していないのですか?

Zhèng cè shì yǒu kě yǐ zhí xíng qǐ lai jiù dà le
甲：政策是有，可一执行起来★3就大**打折扣**了。

政策はあるにはありますが、実施されるとすぐ手抜きになってしまっています。

Kàn lái Zhōng guó de jīn róng tǐ zhì xū yào lái chǎng de gǎi gé
乙：看来中国的金融体制需要来场**大刀阔斧**的改革。

中国の金融体制は、大なたを振るって改革する必要がありそうですね。

解説 •

★1：直訳は「割引きをする」で、打折とも言います。中国では何割引きの考え
方ではなく、何掛けという考え方が一般的です。例えば、打八折なら「8
掛け＝2割引き」の意味になります。

★2：因は「〜が原因で」「〜のせいで」の意味の前置詞です。

★3：方向補語の起来は、動詞の後に付けて動作のスタートを表します。「〜しだ
す」「〜し始める」の意味です。

コラム 中国語の数字表現

●中国語の数字や単位のもつ意味

　中国語の数字を含む表現には枚挙にいとまがなく、四字成語や慣用表現にも数多く存在します。

　例えば、本書には一石二鸟 yì shí èr niǎo「一石二鳥」、接二连三 jiē èr lián sān「次から次へと」、不三不四 bù sān bú sì「ろくでもない」、五花八门 wǔ huā bā mén「多種多様である」、乱七八糟 luàn qī bā zāo「めちゃくちゃである」、八九不离十 bā jiǔ bù lí shí「十中八九」などの表現が掲載されています。

　一方で、言葉によっては、数字から語彙の意味を推し量るのは難しい場合もあります。数字のもつ意味の一例を具体的に説明しましょう。

半斤八両

　中国で量り売りの買物をする際には、斤 jīn や両 liǎng の単位は欠かすことができません。現在の一斤は十両「500グラム」ですが、昔の一斤は十六両でした。そのため、一斤の半分の半斤＝八両で、半斤八両 bàn jīn bā liǎng は「五分五分で互いに差がない」、つまり「どんぐりの背比べ」という意味になります。

　ちなみに、八という数字は日本人、中国人ともに好まれている数字です。日本なら「末広がり」というイメージですが、中国では八は发の発音に近いことから发财 fā/cái「金持ちになる」と音をかけて、縁起のよい数字とされています。

半天と半边天

　中国の半天 bàntiān は直訳すると「半日」の意味ですが、多くの場合「長い時間」の例えに用います。

例 Wǒ děng le nǐ bàntiān
我等了你半天！　　「あなたをさんざん待ったよ！」

しかし、ほかに半が付く時間名詞の場合は、そのまま時間の長さを表して、比喩の意味にはなりません。

例
<ruby>半<rt>bàn</rt></ruby> <ruby>个<rt>ge</rt></ruby> <ruby>小<rt>xiǎo</rt></ruby> <ruby>时<rt>shí</rt></ruby> / <ruby>半<rt>bàn</rt></ruby> <ruby>个<rt>ge</rt></ruby> <ruby>钟<rt>zhōng</rt></ruby> <ruby>头<rt>tóu</rt></ruby>　「30分」
半个小时 / 半个钟头　「30分」
半月 / 半个月　「半月」
半年　「半年」
半辈子　「半生」

また、半边天 bànbiāntiān は直訳すると「空の半分」で、転じて「世の中の半分」という意味になります。妇女能顶半边天 fùnǚ néng dǐng bànbiāntiān は「女性は天の半分を支えている」、つまり「女性の役割は大変大きい」という表現をするときに使われます。

二百五

二百五 èrbǎiwǔ の直訳は数字の「250」です。中国・清の時代に銀貨が使用されていて、500両を一封 yì fēng という単位で呼んでいました。半封 bàn fēng とは一封の半分で250両のことを指し、この半封を半疯 bànfēng「半分狂っている」ともじったことから、二百五は「まぬけ」の意味として日常会話で使うようになりました。

例
他经常丢三落四的，真是个二百五。
Tā jīng cháng diū sān là sì de　zhēn shì ge èr bǎi wǔ
「彼はよくあれやこれやを忘れて、本当にまぬけ者だ」

パート3

会話で覚えよう
―その他

情人眼里出西施

慣 开夜车 ★1　　（仕事や勉強で）徹夜する／
　　　　　　　　　夜なべをする

類似表現➡ 成 通宵达旦 tōng xiāo dá dàn（→P.75）

成 得不偿失　　割に合わない

諺 留得青山在，不怕没柴烧　命あっての物種

成 全力以赴　　全力をあげて事に当たる

会話

甲：最近为了考研，不得不★2天天熬夜开夜车。
近々大学院の受験があるから、どうしても毎日徹夜が続いてしまうんだ。

乙：小心别把身体搞垮了，反而得不偿失。
体を壊さないように気をつけないと、かえって割に合わないことになるわよ。

甲：留得青山在，不怕没柴烧嘛！还是身体要紧。
体が資本とも言うしね！　やっぱり健康って大事だよね。

乙：对，凡事只要★3全力以赴就★3可以了。
そうよ。何事も全力を尽くせば、それで十分なんだから。

解説 ● ● ● ● ●

★1：熬夜と开夜车は、同じく「徹夜する」「夜更かしする」の意味があります。
　　ちなみに、夜猫子 yèmāozi とは「夜型人間」を指します。

★2：不得不…は二重否定の形で、「～せざるをえない」の意味です。類似表現に
　　只好…や只得…があります。

★3：只要A就Bは「Aしさえすれば Bだ」という意味です。

成 通宵达旦　tōng xiāo dá dàn
通宵达旦　夜通し

類似表現 → 慣 **开夜车** kāi yèchē (→P.74)

成 **等闲视之**　děng xián shì zhī
等闲视之　軽く見る

類似表現 → 成 **掉以轻心** diào yǐ qīng xīn (→P.36)

諺 **平时不烧香，临时抱佛脚**★1　píng shí bù shāo xiāng　lín shí bào fó jiǎo
苦しい時の神頼み

成 **冷嘲热讽**　lěng cháo rè fěng
冷嘲热讽　辛らつな嘲笑と風刺

パート❸ 会話で覚えよう─その他

会話

甲：**你真行**★2**，今晚又打算通宵达旦看书?**
Nǐ zhēn xíng　jīn wǎn yòu dǎ suan　kàn shū
すごいじゃない、今夜も徹夜で勉強するつもりかい?

乙：**是啊，明天的考试可不能等闲视之。**
Shì a　míng tiān de kǎo shì kě bù néng
うん、明日の試験は軽視できないものだからね。

甲：**你呀，平时不烧香，临时抱佛脚！**
Nǐ ya
君のそれって、苦しい時の神頼みだよね!

乙：**哎哎，别在那里冷嘲热讽了，快帮我看看这道**★3**题。**
Āi āi　bié zài nà li　le　kuài bāng wǒ kàn kan zhèi dào　tí
ちょっと、そんなところで嫌味なんて言ってないで、早くこの問題を教えてよ。

解説 ● ● ●

★1：直訳は「日頃は仏に線香を立てず、いざというときのみ仏の足にすがりつく」。ふだんは勉強しないで試験の直前に慌てる人を指して使います。

★2：行は褒め言葉、「大したものだ」「素晴らしい」の意味です。

★3：这道の道は、試験問題や料理の数に用いる量詞で、例えば、这道菜は「この料理」という意味になります。

慣 发脾气 ★1
fā pí qi
怒る／腹を立てる

類似表現 → **慣** 动肝火 dòng gānhuǒ

慣 硬着头皮 ★2
yìng zhe tóu pí
気が進まないが思い切って

成 直截了当
zhí jié liǎo dàng
単刀直入である

類似表現 → **成** 单刀直入 dān dāo zhí rù (→P.148) **成** 开门见山 kāi mén jiàn shān

成 当务之急
dāng wù zhī jí
当面の急務／今急いでやらなければならないこと (→P.148)

会話

甲：你今天怎么没去上课呢? 老师发脾气了。
Nǐ jīn tiān zěn me méi qù shàng kè ne   Lǎo shī   le
今日はなんで授業に出なかったの? 先生が怒っていたわよ。

乙：上次的作业还没做，我不好硬着头皮去呀！
Shàng cì de zuò yè hái méi zuò   wǒ bù hǎo   qù ya
前回の宿題が終わっていなくて、覚悟を決めて出席する気にはなれなかったんだよ！

甲：你把情况直截了当地解释一下不就得了 ★3?
Nǐ bǎ qíng kuàng   de jiě shì yí xià bú jiù dé le
ありのまま正直に状況を説明してしまえば、それでよかったんじゃない？

乙：唉，先不管这些了，当务之急是快把作业补完。
Āi   xiān bù guǎn zhèi xiē le   shi kuài bǎ zuò yè bǔ wán
うーん、それはさておき、まずは何より先に宿題を仕上げなくっちゃ。

解説 ● ● ●

★1：直訳は「かんしゃくを起こす」。「怒る」は一般的には生气 shēng/qì と言います。

★2：直訳は「頭の皮を堅くして」。転じて「無理して」の意味になります。

★3：不就得了は反語表現。就可以了「これでいいだろう」と同じ意味です。

成 **闷闷不乐**★1 　mèn mèn bú lè　うつうつとしている

成 **石沉大海**　shí chén dà hǎi　なしのつぶて

類似表現 ▶ 慣 **没下文** méi xiàwén

慣 **不是个事儿**　bú shì ge shìr　よくないこと／だめだ

慣 **碰钉子**★2　pèng dīng zi　壁にぶつかる／断られる

類似表現 ▶ 慣 **碰壁** pèng/bì (→P.156)　慣 **碰一鼻子灰** pèng yì bízi huī (→P.53)

会話

甲：你怎么闷闷不乐的呢? 出国的事还没消息★3 吗?
Nǐ zěn me　　　　de ne　Chū guó de shì hái méi xiāo xi　ma
何をふさぎこんでいるの？　外国に行く件だけど、まだなんの知らせもないの？

乙：是啊，给那边的学校发了几封邮件★4，都石沉大海。
Shì a　gěi nà biān de xué xiào fā le jǐ fēng yóu jiàn　dōu
そうなんだ、向こうの学校に何回もメールを出したのに、なしのつぶてなんだ。

甲：你再去大使馆问问，这样也不是个事儿啊！
Nǐ zài qù dà shǐ guǎn wèn wen　zhè yàng yě　　a
もう1回大使館に行って問い合わせてみたら、このままじゃまずいわよ！

乙：唉，怎么没打听，也是到处碰钉子。
Āi　zěn me méi dǎ ting　yě shì dào chù
それがさ、聞いてないわけじゃないけど、どこも断られっぱなし。

解説 ● ● ●

★1：闷は第四声の場合、「ゆううつである」「くさくさする」。第一声では「むっとする」「うっとうしい」という意味です。

★2：直訳は「くぎにぶつかる」。転じて「断られる」の意味になります。

★3：没消息は慣用表現の没下文と入れ替えられます。

★4：パソコンのメールと違い、携帯電話のメールは短信 duǎnxìnと言います。

成 游手好闲 yóu shǒu hào xián　遊び癖がついていて働かない

類似表現 ▶ **成** 不务正业 bú wù zhèng yè

慣 小巫见大巫 xiǎo wū jiàn dà wū　明らかに見劣りがすること

慣 败家子 bài jiā zǐ　放蕩息子／道楽者

成 多管闲事★1 duō guǎn xián shì　余計なお世話

参考表現 ▶ **成** 多此一举 duō cǐ yì jǔ（→P.100/P.152）

会話

甲：小陈成天游手好闲，不是吃喝就是★2玩乐★3的。
Xiǎo Chén chéng tiān　　　　　　　　　　bú shì chī hē jiù shì　　wán lè　de
陳ちゃんったら1日中仕事もせず、飲み食いしているか、遊んでいるかのどっちかだね。

乙：他算什么，跟小刘比简直是小巫见大巫呢！
Tā suàn shén me　gēn Xiǎo Liú bǐ jiǎn zhí shì　　　　　　　　　　　ne
彼なんてまだまだ。劉ちゃんに比べたら、まるっきり子供と大人みたいに違うわよ！

甲：听你的口气，小刘也是个败家子?
Tīng nǐ de kǒu qì　Xiǎo Liú yě shì ge
君の口ぶりだと、劉ちゃんも放蕩息子というわけかい？

乙：怎么说呢? 一个人一个样，咱们就别多管闲事了。
Zěn me shuō ne　Yí ge rén yí ge yàng　zán men jiù bié　　　　　le
なんていうか、人それぞれでしょ、私たちが余計なおせっかいをするのはやめましょう。

解説 ● ● ●

★1：中国語のしゃれ言葉歇后语（→P.99）では、狗拿耗子「犬がねずみを捕まえる」の後には、多管闲事が続きます。

★2：不是Aだ就是Bは「AでなければBだ」「前者か後者かのいずれか」の意味です。

★3：吃喝玩乐は、「食べて飲んで遊んで楽しむ」といった物質的な享楽にふけって、不务正业「まじめに働かない」様子を表しています。

成 **面红耳赤** miàn hóng ěr chì 恥ずかしさなどで顔が真っ赤になるさま

慣 **打圆场** dǎ yuán chǎng 仲裁して丸く収める／仲を取り持つ

類似表現 ➡ 慣 **打圆盘** dǎ yuánpán

成 **袖手旁观** xiù shǒu páng guān 手をこまねいて傍観する

諺 **家家有本难念的经**★1 jiā jiā yǒu běn nán niàn de jīng 誰でも頭を悩ます いざこざがある

類似表現 ➡ 諺 **家家都有难唱曲** jiā jiā dōu yǒu nán chàng qǔ

会話

甲：**昨天大家吵得**面红耳赤，**幸亏**★2**有你出来**打圆场。
Zuó tiān dà jiā chǎo de　xìng kuī　yǒu nǐ chū lai
昨日はみんな顔を真っ赤にしてけんかしていたけれど、君のおかげで丸く収まったよ。

乙：**咱俩谁跟谁呀**★3，**你的事我怎能**袖手旁观?
Zán liǎ shéi gēn shéi ya　nǐ de shì wǒ zěn néng
君と僕の仲なのに水くさいね、君のことなのに黙って見ているわけないだろう？

甲：**这些年也多亏**★2**你的照应。**
Zhèi xiē nián yě duō kuī　nǐ de zhào ying
ここ数年は、君にお世話になりっぱなしだなあ。

乙：**家家有本难念的经嘛，互相帮助是应该的。**
　　　　　　　　　　　　　ma　hù xiāng bāng zhù shì yīng gāi de
誰にでも頭の痛い問題はあるさ、お互いに助け合うことは当然だよ。

解説 ● ● ● ● ● ● ● ● ● ● ● ● ● ● ●

★1：直訳は「どの家にも読みにくいお経がある」。つまり各家庭にそれぞれの事情があるという意味です。類似表現の难唱曲は「歌いにくい曲」の意味です。

★2：幸亏と多亏は類義語で、「おかげで」「幸いにして」という意味です。

★3：咱俩谁跟谁呀は、互いの関係が大変親密であることを表し、転じて「水くさいことを言うな」という意味になります。

成 素昧平生 _{sù mèi píng shēng}　　面識がない

類似表現 ➡ 成 素不相识 sù bù xiāng shí

参考表現 ➡ 諺 不打不相识 bù dǎ bù xiāng shí★1

慣 卖力气 _{mài lì qi}　　骨身を惜しまない／精を出す

成 萍水相逢 _{píng shuǐ xiāng féng}　　偶然に知り合うこと

諺 恭敬不如从命 _{gōng jìng bù rú cóng mìng}　　相手の言うとおりにする

会話

甲：你我素昧平生，竟★2为我卖了这么大的力气。

あなたは私とは初対面なのに、こんなにも私のために尽力してくださるとは。

乙：出门在外，谁都有需要帮助的地方。

一歩外に出れば、誰でも助け合う必要があるのですよ。

甲：今日虽是萍水相逢，小弟★3想请兄台★3喝一杯。

今日偶然知り合ったばかりですが、あなたとぜひ1杯やりたいのです。

乙：既然★4盛情难却，那就★4恭敬不如从命了。

そういうお気持ちでしたら断れませんね。おっしゃるとおり、お付き合いしましょう。

解説 ● ● ●

★1：不打不相识は直訳すると「けんかをしなければ仲良くなれない」。転じて「雨降って地固まる」の意味です。不打不成交とも言います。

★2：竟は「意外」の語気を表す副詞で、竟の原型は竟然 jìngrán です。

★3：小弟は同輩の人に対する自分の謙称で、兄台は相手を敬って呼ぶ尊称です。

★4：既然A就Bは、「AしたからにはB」「Aである以上はB」の意味です。

成 **拐弯抹角** guǎi wān mò jiǎo　回りくどい

反対表現 ▶ 成 **直截了当** zhí jié liǎo dàng (→P.76/P.148)

慣 **手头(儿)紧** shǒu tóu r jǐn ★1　懐具合がよくない／お金がない

慣 **开玩笑** kāi wán xiào　冗談を言う／遊び半分 (→P.65/P.82)

類似表現 ▶ 慣 **闹着玩儿** nàozhe wánr (→P.65)　慣 **打哈哈** dǎ hāha

成 **今非昔比** jīn fēi xī bǐ　変化が非常に大きい

会話

甲：**你有什么话就直说吧，别拐弯抹角的。** Nǐ yǒu shén me huà jiù zhí shuō ba bié de
何か話があるならはっきり言って。回りくどいのはなしよ。

乙：**最近手头有点儿紧，能借点儿钱吗？** Zuì jìn yǒu diǎnr néng jiè diǎnr qián ma
最近、懐がちょっとさびしいんだ、少し金を貸してくれないか？

甲：**你没开玩笑吧？以前可★2从没★3见你向人借过钱。** Nǐ méi ba Yǐ qián kě cóng méi jiàn nǐ xiàng rén jiè guo qián
冗談でしょ？　あなたは昔、人からお金を借りるような人じゃなかったはずだけど。

乙：**唉，不要说了，今非昔比呀！** Āi bú yào shuō le ya
うーん、言ってくれるなよ。昔の自分とはすっかり変わってしまったんだよ！

解説 ● ● ●

★1：手头紧は手头不方便 shǒutóu bù fāngbiàn という言い方もあります。逆に懐が温かい時は、手头宽裕 shǒutóu kuānyù と言います。

★2：可は具体的な意味としては訳さず、語気を強める副詞です。

★3：从没は从来没有 cónglái méiyou の短縮用法です。通常、从来の後ろは否定の文型になります。

慣 开国际玩笑★1　度の過ぎた冗談を言う
kāi guó jì wán xiào

類似表現 ➡ **慣** 开玩笑 kāi wánxiào (→P.65/P.81)

慣 掏腰包　　　自腹を切る／お金を支払う
tāo yāo bāo

慣 门缝里看人★2　人を見くびる
mén fèng li kàn rén

類似表現 ➡ **慣** 看不起 kànbuqǐ (→P.122)

成 另眼相看　　　違った目で見る
lìng yǎn xiāng kàn

会話

甲：今天去吃烤鸭怎么样? 我请客★3。
Jīn tiān qù chī kǎo yā zěn me yàng　Wǒ qǐng kè
今日は北京ダックでも食べにいかない?　僕がおごるからさ。

乙：别开国际玩笑了，你会自己掏腰包请吃饭?
Bié　　le　nǐ huì zì jǐ　qǐng chī fàn
悪ふざけはやめてよ、自腹でおごるだなんて、あなたにあり得るの?

甲：不要★4门缝里看人，你还不知道吧，我中彩票啦!
Bú yào　　nǐ hái bù zhī dào ba　wǒ zhòng cǎi piào la
見くびるなよ、君はまだ知らないようだけど、僕は宝くじが当たったんだよ!

乙：好家伙! 这么说以后对你得另眼相看了。
Hǎo jiā huo　Zhè me shuō yǐ hòu duì nǐ děi　　　le
それはすごい!　そうなると、今後はあなたを見る目を変えなくっちゃ。

解説 • • •

★1：「冗談を言う」は开玩笑。国际をつけて語気を強調しています。

★2：直訳は「ドアのすき間から人を見る」。転じて「軽蔑する」の意味です。

★3：请客は做东 zuò/dōng とも言います。割り勘の場合は AA 制 zhì を使います。

★4：不要は别と同じで、後ろに述語動詞が置かれた場合、「～しないで」「～するな」という禁止の表現になります。

慣 土包子★1   田舎者／ダサイ人
<small>tǔ bāo zi</small>

成 潜移默化   知らず知らずのうちに影響を受ける
<small>qián yí mò huà</small>

類似表現➡ **成** 耳濡目染 ěr rú mù rǎn

慣 耍嘴皮子   口先ばかりで実行しない／弁舌をふるう
<small>shuǎ zuǐ pí zi</small>

成 了如指掌   状況をよく熟知している
<small>liǎo rú zhǐ zhǎng</small>

反対表現➡ **慣** 一问三不知 yí wèn sān bù zhī（→P.58）

パート③ 会話で覚えよう―その他

会話

甲：看你平时穿得像★2土包子似的★2，今天都认不出来了！
<small>Kàn nǐ píng shí chuān de xiàng   shì de   jīn tiān dōu rèn bu chū lái le</small>

あなたはふだんダサイ服ばっかり着ているのに、今日はまるっきり別人のようね！

乙：嘿嘿，这不是受你潜移默化熏陶的结果吗?
<small>Hēi hēi   zhè bú shi shòu nǐ   xūn táo de jié guǒ ma</small>

えへへ、これもいつの間にか君の影響を受けた結果かな？

甲：得了★3，少跟我★4耍嘴皮子了，你说咱们去哪儿?
<small>Dé le   shǎo gēn wǒ   le   nǐ shuō zán men qù   nǎr</small>

よして、口先ばかりうまいことを言わないでよ。それじゃどこに行こうかしら？

乙：你对这附近了如指掌，你说去哪儿就去哪儿。
<small>Nǐ duì zhè fù jìn   nǐ shuō qù nǎr   jiù qù nǎr</small>

君はこの辺りにものすごく詳しいから、君について行くよ。

解説 ● ● ●

★1：直訳は「土臭いまんじゅう」。転じて「ダサイ人」の意味になります。

★2：像…似的は像…一样 yíyàng とも言い、「まるで～のようだ」という意味です。

★3：得了は「よしなよ」「やめてよ」の意味、対話を終わらせるときに用います。

★4：少跟我…は、人にある行為をやめてほしいとき、「私に～するんじゃない
　　　よ／私に～しないでほしい」という語気を強める表現です。

慣 **太阳从西边出来**★1　とんでもないことの例え
tài yáng cóng xī bian chū lai

成 **目瞪口呆**　あっけにとられる
mù dèng kǒu dāi

類似表現 ➡ 成 瞠目结舌 chēng mù jié shé

成 **自命不凡**　他人より優れていると自負する
zì mìng bù fán

諺 **情人眼里出西施**★2　ほれた目にはあばたもえくぼ
qíng rén yǎn li chū Xī Shī

会話

甲：**真是太阳从西边出来**了，今天打扮得这么漂亮！
Zhēn shi　　　　　　　　le　jīn tiān dǎ ban de zhè me piào liang
今日はまたきれいにおめかししてるじゃないか！　西から日が昇るとはこのことだ。

乙：看把你吓得**目瞪口呆**的，我正要去和那个帅哥★3约会。
Kàn bǎ nǐ xià de　　　　　de　wǒ zhèng yào qù hé nèi ge shuài gē　yuē huì
あなたがあっけにとられてどうするの。私は今から例のイケメンとデートなのよ。

甲：他那么**自命不凡**的一个人，会看上★4你吗？
Tā nà me　　　　de yí ge rén　huì kàn shang　nǐ ma
彼は自分でイケメンを鼻にかけているのに、君にほれたりするのかなあ？

乙：这谁知道呢！也许是**情人眼里出西施**吧。
Zhè shéi zhī dao ne　Yě xǔ shi　　　　　　　　ba
そんなの誰にもわからないわ！　あばたもえくぼってことかもしれないし。

解説 ・ ・ ・ ・

★1：直訳は「西から日が昇る」。あり得ないことが起きるときによく用います。

★2：直訳は「恋人の目には相手が西施（美人の代名詞）のように見える」。西施は中国古代四大美人の１人で、ほかの３人は杨贵妃、王昭君、貂蝉です。

★3：帅哥の帅は「ハンサム」の意味です。ちなみに、酷 kù は「クールでかっこいい」、靓 liàng は「美しい」の意味です。

★4：看上は「人」にも「物」にも使え、人の場合「ほれ込む」、物の場合は「気に入る」という意味になります。

成 **心神不定** xīn shén bú dìng　落ち着かないさま

成 **魂不守舍** hún bù shǒu shè　気もそぞろ

類似表現 ➡ 成 神不守舍 shén bù shǒu shè

慣 **不是东西** bú shì dōng xi ★1　ろくでもないやつだ

成 **见异思迁** jiàn yì sī qiān　意志が弱く、すぐ心移りする

類似表現 ➡ 成 喜新厌旧 xǐ xīn yàn jiù（→P.136）

会話

甲：最近这姑娘怎么总是**心神不定**、**魂不守舍**的?
Zuì jìn zhè gū niang zěn me zǒng shì　　　　　　　　　　　　　de

最近あの娘、落ちつきがなくて、抜け殻同然じゃない?

乙：她呀，跟男朋友分手★2了。
Tā ya　gēn nán péng you fēn shǒu　le

彼女ね、彼氏と別れてしまったんだって。

甲：**不是好好儿的吗?** 怎么说★3吹★2就★3吹呢?
Bú shì hǎo hāor de ma　Zěn me shuō chuī jiù chuī ne

今まで順調に見えたのに?　どうしてこうもあっさり別れてしまったんだろう?

乙：那男的**不是东西**，**见异思迁**!
Nà nán de

男がろくでもなくって、すぐに心変わりしてしまったのよ!

解説 • • •

★1：东西 dōngxi はもともと品物を指し、人に用いる場合は嫌悪感、または好感を伴います。例えば、老东西「おいぼれめ」、小东西「おちびちゃん」、你是什么东西「お前はどこの馬の骨だ」などです。ちなみに発音が dōngxī の場合は、「方角の東西」の意味を表します。

★2：分手および吹は、ともに「別れる」の意味です。

★3：说…就…は物事の運びや進展が早いことを表します。

慣 打光棍儿 dǎ guāng gùnr　男性が独り者でいる

成 力不从心 lì bù cóng xīn　やりたいけれど力が足りない (→P.19/P.24)

慣 挡箭牌★1 dǎng jiàn pái　言い訳／口実

参考表現 ➡ 慣 保护伞 bǎohùsǎn

成 苦口婆心 kǔ kǒu pó xīn　老婆心ながらくどくど忠告する (→P.141)

類似表現 ➡ 慣 说破嘴 shuōpò zuǐ★2 (→P.149)

会話

甲：你也老大不小了，一辈子打光棍儿也不是办法。
Nǐ yě lǎo dà bù xiǎo le　　yí bèi zi　　　　　　yě bú shì bàn fǎ
あなたはもう若くないんだから、一生男が独身なんてことはだめよ。

乙：再说★3吧，天天加班，我也是力不从心哪。
Zài shuō ba　　tiān tiān jiā bān　wǒ yě shì　　　　　　　na
その件はまたにしてくれよ、毎日残業で、そうしたくてもできないんだから。

甲：别总是拿工作忙当★4挡箭牌。
Bié zǒng shì　ná gōng zuò máng dàng
いつも仕事が忙しいことを口実にして。

乙：看你这样苦口婆心的，听你的总行吧?
Kàn nǐ zhè yàng　　　　　　　de　tīng nǐ de zǒng xíng ba
そんなふうにご親切に忠告してくれて、言うことを聞けばいいんだろう?

解説 ●

★1：直訳は「矢を防ぐ盾」。転じて「言い逃れ」の意味になります。参考表現の
　　保护伞は「保護する傘」で、つまり「後ろ盾」という意味です。

★2：直訳は「口が破れるまで言う」。「口を酸っぱくして言う」という意味です。

★3：直訳は「もう一度言う」。よく「また今度にする」という場面で使います。

★4：当 dàng は、通常の会話ではしばしば第 1 声 dāng で発音します。

成 价廉物美 _{★1}
jià lián wù měi
安くて品質がよい

成 莫名其妙
mò míng qí miào
わけがわからない

慣 伤脑筋 _{★2}
shāng nǎo jīn
頭が痛い／困る

参考表現 ➡ **慣** 死脑筋 sǐnǎojin　**慣** 动脑筋 dòng nǎojin

慣 鸡蛋里挑骨头 _{★3}
jī dàn li tiāo gǔ tou
あら探しをする／
人の誤りをわざわざ探す

類似表現 ➡ **慣** 挑毛病 tiāo máobìng　**成** 吹毛求疵 chuī máo qiú cī

パート**③** 会話で覚えよう―その他

会話

职员：我们公司的产品价廉物美，怎么会被退货呢？
Wǒ men gōng sī de chǎn pǐn　　　zěn me huì bèi tuì huò ne
わが社の製品は、安くて質がよいのに、なぜこうも返品されてしまうのでしょう？

经理：我也感到莫名其妙，真伤脑筋。
Wǒ yě gǎn dào　　　zhēn
私もさっぱりわけがわからん。全く頭の痛いことだ。

职员：依我看哪，他们是鸡蛋里挑骨头。
Yī wǒ kàn na　　tā men shì
私が思うに、それは単なるあら探しじゃないでしょうか。

经理：别这么快下结论，先查明原因再说。
Bié zhè me kuài xià jié lùn　　xiān chá míng yuán yīn zài shuō
そう簡単に結論を出してはいかん。まずは原因を調査してから報告したまえ。

解説 • • •

★1：物美价廉もしくは、より口語的に东西又好又便宜とも言います。

★2：つまり头疼 tóuténg「頭痛」のことです。「ひどく頭を悩ませる」と強調したいときは、伤透脑筋 shāngtòu nǎojin と言います。脑筋を使った表現は、ほかにも死脑筋「頭が固い」、动脑筋「頭を働かせる」などがあります。

★3：挑は第一声で発音する場合は「探す・選ぶ・担ぐ」の意味になります。

慣 shuō le suàn
说了算　　決定権がある

成 míng zhī gù wèn
明知故问　　知っているのにわざと聞く

参考表現 ▶ **成** 明知故犯 míng zhī gù fàn ★1

成 fā hào shī lìng
发号施令　　命令を下す

成 yǒu yǎn bù shí Tài Shān
有眼不识泰山 ★2　相手の地位の高さを認識していない

会話

甲：Zài nǐ men gōng sī shéi
在你们公司谁说了算?
君の会社では、誰が決定権を握っているんだい？

乙：Nǐ zhè bú shì　　　　　ma Dāng rán shì lǎo bǎn　luo
你这不是明知故问吗? 当然是老板★3啰！
そんなわかりきったことをどうして聞くの？　社長に決まっているじゃない！

甲：Cuò le ba　　zài mù hòu　　　　　　　　de shì lǎo bǎn niáng
错了吧，在幕后发号施令的是老板娘。
はずれだよ、社長の奥さんが、陰でああしろこうしろと言っているのさ。

乙：Á　　Shì ma　Kàn lái wǒ shì　　　　　　　le
啊? 是吗? 看来我是有眼不识泰山了。
え？　そうなの？　奥さんがそんなに偉いなんて知らなかったわ。

解説 ● ● ●

★1：「悪いと承知していながらわざとやる」は、明知故犯と言います。

★2：直訳は「目があっても泰山を知らず」、つまり、日本語の「お見それしました」。
中国には五岳 Wǔ Yuè という五大名山があり、その代表格が泰山です。日本
語の「お見それしました」は、その場に相手がいないと使えないのに対し、
中国語の有眼不识泰山はその場に相手がいなくても使えます。

★3：お店の主人や中小企業の経営者を一般に老板と呼びます。

慣 出份子 _{chū fèn zi}　　（冠婚葬祭などに）お金を出し合う

類似表現➡ **慣** 凑份子 còu fènzi

慣 摆阔气 _{bǎi kuò qi}★1　　金持ちぶりを見せびらかす

類似表現➡ **慣** 摆门面 bǎi ménmian

慣 打肿脸充胖子 _{dǎ zhǒng liǎn chōng pàng zi}★2　もったいぶって無理をする

成 别有用心 _{bié yǒu yòng xīn}　　　下心がある

パート③ 会話で覚えよう―その他

会話

甲：明天主任过生日，咱们还是出份子送礼吧！
Míng tiān zhǔ rèn guò shēng rì　zán men hái shi　　　　sòng lǐ ba
明日は主任の誕生日だから、みんなでお金を出し合ってプレゼントしましょうよ！

乙：小李说要单独送，你说气不气人★3?
Xiǎo Lǐ shuō yào dān dú sòng　　nǐ shuō qì bu qì rén
李くんが、自分ひとりで贈ると言っているんだ、なんかすごく腹が立たないか？

甲：哟，他摆什么阔气！打肿脸充胖子啊?
Yō　tā　shén me　　　　　　　　　　　　　　　a
えっ、ひとりでイイ顔をして！　どうせ無理してかっこつけているんでしょ？

乙：依我看哪，他这是别有用心。
Yī wǒ kàn na　tā zhè shì
僕が思うに、彼はなんか下心があるな。

解説 ●

★1：直訳は「派手さを見せつける」。摆门面は「うわべを飾る」という意味です。

★2：直訳は「太った人に見せかけるため、自分の顔を腫れるまで殴る」。転じて「見えを張る」という意味になります。

★3：你说气不气人は聞き手の賛同を得ようとしている表現で、真气人 zhēn qìrén「本当に腹が立つ」の意味になります。

慣 tiào jìn Huáng Hé yě xǐ bu qīng
跳进黄河也洗不清★1 　いくら訴えても潔白の証明ができない

慣 méng zài gǔ li
蒙在鼓里 　蚊帳の外に置かれることの例え／真相を知らない

慣 bēi hēi guō
背黑锅★2 　濡れ衣を着せられる

成 ēn jiāng chóu bào
恩将仇报 　恩を仇で返す

反対表現 ▶ 成 以德报怨 yǐ dé bào yuàn★3

会話

甲：Kàn lái zhèi jiàn shìr wǒ shì
看来这件事儿我是跳进黄河也洗不清了。
どうやらこの件については、いくら言っても私の潔白は認めてもらえなさそうだな。

乙：Nǐ hái bèi ya Dōu shì Xiǎo Yáng ràng nǐ de
你还被蒙在鼓里呀？都是小杨让你背的黑锅。
あなたはまだ知らないの？　これは楊くんがあなたに濡れ衣を着せたからなのよ。

甲：Píng shí wǒ hái tǐng xìn rèn tā de méi xiǎng dào tā què
平时我还挺★4信任他的★4，没想到他却恩将仇报。
いつも彼のことはとても信頼していたのに、まさか彼が恩を仇で返してくるとはね。

乙：Shuō jù gōng dào huà Xiǎo Yáng shì bù yīng gāi
说句公道话，小杨是不应该。
客観的に言わせてもらえば、楊くんがいけないと思うわ。

解説 ● ● ●

★1：直訳は「黄河に飛び込んでも、きれいに洗い落とせない」。濡れ衣を着せられたときに用いる表現です。

★2：直訳は「黒い鍋を背負う」、転じて「冤罪を被る」。中国語の黒にはマイナス的なイメージがあり、「悪い・非合法的」の意味合いがあります。

★3：反対表現の以德报怨は、「徳をもって恨みに報いる」という意味になります。

★4：挺…的は、很の表現と同じで「とても〜」「けっこう〜」という意味です。

慣 **哪壶不开提哪壶** nǎ hú bù kāi tí nǎ hú
相手が触れてほしくない
話題を取り上げる

成 **轻而易举** qīng ér yì jǔ
極めてたやすくできる (→P.140)

類似表現 ▶ 慣 **小菜一碟** xiǎocài yì dié ★1 (→P.126)

成 **好景不常** hǎo jǐng bù cháng
よいことはいつまでも続かない

成 **僧多粥少** sēng duō zhōu shǎo
物が少ない中で、
分配しなければならない人が多い

類似表現 ▶ 成 **粥少僧多** zhōu shǎo sēng duō

会話

甲：**工作找到了吗?** Gōng zuò zhǎo dào le ma

仕事は見つかったの？

乙：**你别哪壶不开提哪壶了。一提起这事儿我就一肚子火。** Nǐ bié le Yì tí qǐ zhè shìr wǒ jiù yí dù zi huǒ

答えたくないことを言わせないでくれよ。その話になると腹が立ってしょうがないんだ。

甲：**过去海归族★2找工作可是轻而易举，真是好景不常啊。** Guò qù hǎi guī zú zhǎo gōng zuò kě shì zhēn shì a

昔は海外留学組は簡単に仕事を見つけられたのに、ほんとよいことは続かないわね。

乙：**僧多粥少嘛，现在我都成了"海带★3"啦！** ma xiàn zài wǒ dōu chéng le hǎi dài la

求職者の割に求人が少ないからね、今や職探しの身になってしまったよ！

解説 • • •

★1：直訳は「酒のさかな1皿」。容易なことを表す「朝飯前」の例えです。

★2：海归族は「海外留学の帰国組」を指し、海归派とも言います。海归と海龟 hǎiguī は同じ発音から、「ウミガメ」とも呼ばれます。

★3：前述の海龟「ウミガメ」に対して、海待 hǎidài「帰国組で仕事を待っている」 と海带「コンブ」の発音をかけたしゃれ表現です。

成 xián qī liáng mǔ
贤妻良母　りょうさいけんぼ 良妻賢母 (→P.144/P.161)

成 jiā yù hù xiǎo
家喻户晓　誰でも知っている

類似表現 ➡ **成** 众所周知 zhòng suǒ zhōu zhī (→P.165)

慣 bàn biān tiān
半边天★1　天の半分を支える女性を指す

慣 tiāo dà liáng
挑大梁　重要な仕事を担当する／大役を担う

参考表現 ➡ **慣** 顶梁柱 dǐngliángzhù★2 (→P.148)

会話

甲：Sǎo zi zhēn shì ge 嫂子真是个贤妻良母，yòu yào gōng zuò yòu yào zhào gù hái zi 又要工作又要照顾孩子。
おたくの奥さんはほんと良妻賢母だね、仕事もして子育てもしているなんて。

乙：Bié guāng kuā jiǎng tā 别光夸奖她，nǐ lǎo po 你老婆★3 bù yě shì 不也是家喻户晓 de hǎo tài tai ma 的好太太★3吗！
家内ばっかり褒めないでくれよ、君の奥さんもとてもいい奥さんだとみんな知っているよ！

甲：Sú huà shuō 俗话说"fù nǚ néng dǐng 妇女能顶半边天"，yì diǎnr dōu méi cuò 一点儿都没错。
よく世の中の半分は女性が支えていると言うけど、全くその通りだよね。

乙：Suí zhe shí dài de jìn bù 随着时代的进步，挑大梁 de nǚ xìng yì tiān bǐ yì tiān duō 的女性一天比一天多。
時代が進むにつれて、重要な仕事をする女性がますます増えているしね。

解説

★1：直訳は「空の半分」。転じて「女性の役割が大きい」ことをたたえる意味になります（71ページのコラム参照）。

★2：顶梁柱は「大黒柱」のことで、物事の中心人物を指す名詞として使います。

★3：奥さんの呼び方には、太太 tàitai のほか、ややくだけた感じの老婆 lǎopo と丁寧な言い方の夫人 fūren があります。

慣 **哭鼻子** kū bí zi 　　泣く／泣きべそをかく

類似表現 ➡ 慣 **抹鼻子** mǒ bízi ★1

慣 **闹别扭** nào biè niu 　　意見が合わなくて、仲たがいをする

成 **大吵大闹** dà chǎo dà nào 　　大騒ぎする

成 **形影不离** xíng yǐng bù lí 　　関係が密接であるさま

類似表現 ➡ 成 **寸步不离** cùn bù bù lí

パート **③** 会話で覚えよう―その他

会話

爸爸：宝贝儿★2，**你怎么哭鼻子了? 跟谁闹别扭啦?**
Bǎo bèir　　　　nǐ zěn me　　　 le　 Gēn shéi　　　 la
おりこうちゃんは何を泣いているのかな?　誰とけんかをしてきたの?

女儿：小芬刚才跟我大吵大闹了一场……
　　　Xiǎo Fēn gāng cái gēn wǒ　　　　　　 le yì chǎng
芬ちゃんがね、さっき私にすごく怒ってきたの……。

爸爸：你们不是形影不离的好朋友吗? 怎么会吵架呢?
　　　Nǐ men bú shì　　　　 de hǎo péng you ma　Zěn me huì chǎo jià ne
2人はいつでも一緒の仲良しじゃないか?　どうしてけんかしちゃったんだい?

女儿：其实也怪我★3，**我把她心爱的洋娃娃弄坏了。**
　　　Qí shí yě guài wǒ　　　 wǒ bǎ tā xīn ài de yáng wá wa nòng huài le
ほんとは私のせいなの、芬ちゃんの大事にしてたお人形を壊しちゃったの。

解説 • • •

★1：抹は「ぬぐう」の意で、抹鼻子は「めそめそする」という泣き方を表します。
★2："baby"の訳語として用います。子供に対する親しみをこめた呼び方です。
★3：怪は「～のせい」で、怪我はけがではなく、「私のせいだ」という意味になります。ちなみに、「けが」のことは受伤 shòu/shāng と言います。

慣 抬头不见低头见 _{★1} tái tóu bú jiàn dī tóu jiàn　互いによく会うことの例え

類似表現 → **慣** 低头不见抬头见 dī tóu bú jiàn tái tóu jiàn

慣 爱面子 ài miàn zi　　体裁にこだわる／世間体を気にする

類似表現 → **慣** 要面子 yào miànzi　**慣** 讲面子 jiǎng miànzi

慣 鸡毛蒜皮 _{★2} jī máo suàn pí　どうでもいいこと／ささいなこと

成 忍气吞声 rěn qì tūn shēng　黙ってじっと我慢する

会話

夫：大家都是邻居，抬头不见低头见的，吵什么呢？
Dà jiā dōu shì lín jū　　　　　　　　de chǎo shén me ne
みんな近所どうしで、いつも顔を合わせているのに、何をもめているんだ？

妻：你就知道 _{★3}爱面子，她说话未免也太过分了。
Nǐ jiù zhī dao　　　　　tā shuō huà wèi miǎn yě tài guò fèn le
あなたは世間体ばかり気にして。彼女の言いぐさがあまりにもひどいのよ。

夫：不就是那点儿鸡毛蒜皮的小事吗？
Bú jiù shì nà diǎnr　　　　　de xiǎo shì ma
それって、どうでもいいつまらないことじゃないか？

妻：小事？ 你愿意忍气吞声，我可不愿意。
Xiǎo shì　Nǐ yuàn yì　　　　　wǒ kě bú yuàn yì
つまらないこと？　あなたは我慢できても、私は我慢する気はありませんよ。

解説 ・・・ ●●●●●●●●●●●●●●●●●

★1：抬头は「顔を上げる」、反義語の低头は「うつむく」という意味です。ちなみに、点头 diǎn/tóu は「うなずく」、反義語は摇头 yáo/tóu「首を振る」です。

★2：直訳は「ニワトリの羽やニンニクの皮」。いわばほとんど価値のないもので、転じて、「ささいなこと」を意味します。芝麻 zhīma 小事とも言います。

★3：就知道は、ここでは「～ばかり…して」の意味になります。

慣 鶏蛋碰石头★1　勝ち目のないことをする
jī dàn pèng shí tou

成 得意忘形　有頂天になる／のぼせ上がる
dé yì wàng xíng

慣 拉下水　人を引きずり込んで共犯者にする
lā xià shuǐ

成 坐立不安　居ても立ってもいられない
zuò lì bù ān

類似表現 → 成 七上八下 qī shàng bā xià★2

会話

夫：你跟她们叫板，这不是拿鸡蛋碰石头吗?
Nǐ gēn tā men jiào bǎn　zhè bú shì ná　ma
お前は彼女らにけんかを売るのかい、それって、勝ち目がないんじゃないか?

妻：我就看不惯★3她们那副★4得意忘形的模样。
Wǒ jiù kàn bu guàn　tā men nèi fù　de mú yàng
あの人たちが有頂天になっているのが気に入らないのよ。

夫：可你也别把我拉下水呀!
Kě nǐ yě bié bǎ wǒ　ya
頼むからおれを巻き込まないでくれよ!

妻：你瞧你，一副★4坐立不安的样子，没事儿!
Nǐ qiáo nǐ　yí fù　de yàng zi　méi shìr
何よあなたは、そんなおどおどして、大したことじゃないわよ!

解説 • • •

★1：直訳は「石にたまごをぶつける」、つまり「身の程知らずのことをする」。

★2：しゃれ言葉にも出てくる十五个吊桶打水→七上八下で、「心配でたまらない」という意味を表します。

★3：看不惯は可能補語の慣用表現です。おもに否定のパターンを用います。

★4：副は顔の表情に用いる量詞です。会話文では、模様と様子を指しています。表情を表現する場合、数詞は"一"しか使えないので、必ず一副の形になります。

慣 **打保票**★1　　保証する

類似表現➡ 慣 打包票 dǎ bāopiào　　慣 拍胸脯 pāi xiōngpú（→P.27）

dǎ bǎo piào

míng bù xū chuán

成 **名不虚传**　　評判通りである

参考表現➡ 成 名副其实 míng fù qí shí★2

zuò wú xū xí

成 **座无虚席**　　満席である

yǔ zhòng bù tóng

成 **与众不同**　　ほかの人々とは異なる

会話

Fú wù yuán diǎn cài　　Tīng shuō zhèr de zhāo pai cài hěn shòu huān yíng

客人甲：服务员，点菜★3**。听说这儿的招牌菜很受欢迎。**
すみません、注文お願いします。こちらの看板メニューはとても人気があるそうですね。

Wǒ xiàng èr wèi　　běn diàn de cài jué duì shì sè xiāng wèi jù quán

服务员：我向二位打保票，本店的菜绝对是色香味俱全。
それはもちろんでございます。当店の料理は、味も見た目も絶対の自信がございます。

Guǒ rán shì　　nǐ kàn jīn tiān　　ya

客人甲：果然是名不虚传，你看今天座无虚席呀！
やはり評判通りですね。ほら、今日は空いてる席が１つもありませんよ！

Kě bù　　lǎo zì hào jiù shì　　jīn tiān yǒu kǒu fú le

客人乙：可不，老字号就是与众不同，今天有口福了。
もちろん、このような老舗はよそとは違いますからね、今日はおいしい料理が食べられるわ。

解説・・・・・・・・・・・・・・・・・・・・・・・・・

★1：直訳は「保証書を発行する」。転じて「折り紙つき」の意味になります。類似表現の拍胸脯は「胸をたたいて、任せておけ」というパフォーマンスを表します。

★2：「名実相伴う」の意味で、対義語は名不副实「その名にそぐわない」です。

★3：「メニュー」は菜单 càidān、「お勘定」は买单 mǎidān と言います。

成 shān qīng shuǐ xiù
山清水秀　　山紫水明／風景の美しいさま （→P.158）

慣 yǒu yǎn guāng
有眼光　　物事を見る目がある／先見の明がある

成 měi zhōng bù zú
美中不足　　玉にきず

反対表現 ▶ **成** 十全十美 shí quán shí měi★1 （→P.130）

成 shuǐ xiè bù tōng
水泄不通　　非常に混雑しているさま

類似表現 ▶ **成** 人山人海 rén shān rén hǎi★2 （→P.42）

パート③ 会話で覚えよう―その他

会話

游客：Wǒ tiāo de zhèi ge jǐng diǎn
我挑的这个景点山清水秀，fēng jǐng měi jí le 风景美极了！
僕が選んだこの観光スポットは、まさに山紫水明、実にすばらしい景色だな！

导游：Hái shi nín
还是您有眼光！
お客様は本当に見る目がおありですね！

游客：de shì 美中不足的是，wú lùn★3 无论走到哪里都★3 zǒu dào nǎ li dōu jǐ de 挤得水泄不通。
しかし、どこもかしこもえらく混んでいるのが、玉にきずだなあ。

导游：Zhèi ge wèn tí 这个问题，shuō shí zài de 说实在的★4，wǒ men yě hěn tóu téng 我们也很头疼。
実を言えば私どもも、この点については頭を痛めているのです。

解説 ・・・

★1：十全十美は「完全無欠で申し分がない」、つまり完璧という意味です。
★2：大変な混雑ぶり、特に黒山のような人だかりは、よく人山人海と表現します。
★3：无论Ａ都Ｂは「どんなにＡでもＢ」という複文の関連詞です。
★4：说实在的は「本当のところ」「本音を言うと」という意味です。

bào lěng mén
慣 爆冷门 ★1　　番狂わせ／予想外の結果

bù kě sī yì
成 不可思议　　不思議である (→P.146)

参考表現 ➡ 成 大惊小怪 dà jīng xiǎo guài (→P.37)

zǒu xià pō　lù
慣 走下坡(路)　　悪化への道を歩む／衰退する

yǒu mù gòng dǔ
成 有目共睹　　誰の目にも明らかである

会話

Zhōng guó pīng pāng qiú duì jìng rán shū qiú le　　zhēn shì dà
甲：中国乒乓球队竟然输球了，真是大爆冷门。
中国の卓球チームが負けてしまうなんて、ほんと予想外だったわね。

Zhè méi shén me　　　　　　　　 de　　Bǐ sài ma　　yǒu yíng jiù yǒu shū
乙：这没什么不可思议的★2。比赛嘛，有赢就有输。
別にあり得ないことではないよ。試合なんだから、勝つときも負けるときもあるさ。

Nǐ shuō zán men de guó qiú　 shì bu shì kāi shǐ　　　　　　le
甲：你说咱们的国球★3是不是开始走下坡路了?
それって、国技の卓球がこれから下り坂になっていくっていう意味？

Fàng xīn　Zhōng guó duì de shí lì shì　　　　　　　　 de　xià cì zhǔn ná guàn jūn
乙：放心，中国队的实力是有目共睹的，下次准拿冠军★4。
大丈夫だよ、中国チームの実力は誰もが認めるところ、次はきっと優勝するさ。

解説 • • •

★1：予想外に勝った人やチームを例えて言う場合は黑马、つまり「ダークホース」
　　と表現します。例えば、这场比赛冒出了一匹黑马なら「この試合では、ダー
　　クホースが現れ、予想外の結果となった」となります。

★2：这没什么不可思议的は这没什么可大惊小怪的とも言います。

★3：国球は「その国を代表する球技」。中国では乒乓球「卓球」に当たります。

★4：優勝は冠军、準優勝は亚军 yàjūn、３位は季军 jìjūn。金・銀・銅のメダル
　　はそれぞれ金牌 jīnpái、银牌 yínpái、铜牌 tóngpái と言います。

中国語のしゃれ言葉 "歇后语"

●大喜利みたいな歇后语

　歇后语 xiēhòuyǔ とは、四字成語や慣用表現と同じ、熟語の一種です。大喜利のなぞかけのように、前半（なぞかけ）と後半（なぞかけの答え・そのこころは）に分かれ、しゃれで言葉遊びを楽しむものです。人々の生活に密着した、ユーモアあふれる中国のしゃれ言葉を堪能してみましょう！

比喩型

歇 **狗拿耗子**　gǒu ná hào zi　「犬がねずみを捕まえる」（→P.18）
→ **多管闲事**　duō guǎn xián shì　「余計なお世話」

ねずみを捕まえてくるのは本来、猫の仕事。犬がそこまで手を出すのは余計なお世話です。

歇 **泥菩萨过江**　ní pú sà guò jiāng　「泥でつくった菩薩が川を渡る」
→ **自身难保**　zì shēn nán bǎo　「自分のことですら精一杯」

泥の菩薩は人を救済するどころか、自分自身が川の水で溶けてしまいます。転じて、自分のことで精一杯という意味になります。

歇 **黄鼠狼给鸡拜年**　huáng shǔ láng gěi jī bài nián　「イタチがニワトリに年始の挨拶」
→ **没安好心**　méi ān hǎo xīn　「おべっかに下心あり」

イタチが表面上は親切にあいさつに来ましたが、本当はニワトリを狙っています。つまり、下心があるという意味になります。

▶▶▶

▶▶▶

> **歇** 兔子(的)尾巴 _{tù zi de wěi ba}　「ウサギのしっぽ」
> → 长不了 _{cháng bu liǎo}　「長くはない」

ウサギのしっぽは短いことから、物事が長く続かないことを
たとえるときに用いる表現です。

> **歇** 脱裤子放屁 _{tuō kù zi fàng pì}　「ズボンを脱いでから、おならをする」
> → 多此一举 _{duō cǐ yì jǔ}　「余計なことをする」

わざわざズボンを脱いでおならをする人はいませんね。余計
なことをする人に対しての皮肉な表現です。

発音型

> **歇** 外甥打灯笼 _{wài sheng dǎ dēng long}　「おいがちょうちんをつける」
> → 照旧(=舅) _{zhào jiù}　「おじさんを照らす」転じて「従来通り」

おいと言えば、母方の兄弟にあたる舅舅 jiùjiu に結び付きま
すね。舅と旧の発音をかけたものです。

> **歇** 孔夫子搬家 _{Kǒng fū zǐ bān jiā}　「孔子様の引っ越し」
> → 尽是输(=书) _{jìn shì shū}　「本だらけ」転じて「負けてばかり」

学問の神様である孔子の家は、当然のことながら本ばかりで
す。負けるという意味の输の発音を本の书にかけています。

> **歇** 小葱拌豆腐 _{xiǎo cōng bàn dòu fu}　「青ネギと豆腐のあえもの」
> → 一清(=青)二白 _{yī qīng　èr bái}　「青いネギを白い豆腐にかき混ぜる」
> 転じて「青と白がはっきりしていて、極めて明白である」

清とネギの青の発音をかけたものです。

パート4

用例で覚えよう
一慣用表現・ことわざ

① bàn píng cù
半瓶醋 なまかじり／生半可（→P.164）

直訳 瓶半分の酢

用例 他的汉语还只是个半瓶醋，这个翻译的工作能胜任得了吗?
Tā de Hànyǔ hái zhǐshi ge bànpíngcù, zhèi ge fānyì de gōngzuò néng shèngrèndeliǎo ma?

彼の中国語はまだ生半可だ、この翻訳の仕事を彼に任せられるだろうか？

② bēi bāo fu
背包袱 （精神的・経済的に）負担になる

直訳 ふろしきを背負う

用例 考试的时候不要背思想包袱，否则会影响正常发挥。
Kǎoshì de shíhou búyào bēi sīxiǎng bāofu, fǒuzé huì yǐngxiǎng zhèngcháng fāhuī.

試験の時にプレッシャーを感じてはいけない、でないといつもの実力が発揮できない。

③ bì mén gēng
闭门羹 門前払い

直訳 ドアを閉めて、とろみスープを飲む

用例 记者几次向有关部门了解情况，结果都吃了闭门羹。
Jìzhě jǐ cì xiàng yǒuguān bùmén liǎojiě qíngkuàng, jiéguǒ dōu chīle bìméngēng.

記者は何度も関連部門に事情を聞きに行ったが、結局はすべて門前払いを食らった。

④ bú dào Huáng Hé xīn bù sǐ
不到黄河心不死 目的を達成するまで徹底的にやる

直訳 黄河にたどり着くまではあきらめない

用例 虽然她已经有男朋友，但痴情的他是不到黄河心不死的。
Suīrán tā yǐjing yǒu nánpéngyou, dàn chīqíng de tā shì bú dào HuángHé xīn bù sǐ de.

彼女にはすでに恋人がいるが、ひたむきな彼はまだあきらめきれない。

⑤ bù fēn qīng hóng zào bái
不分青红皂白　訳もわからずいきなり／事の是非をわきまえない

直訳　青、赤、黒、白を分けない

用例　**我是一番好意，没想到他却不分青红皂白地把我骂了一顿。**
Wǒ shì yì fān hǎoyì, méixiǎngdào tā què bù fēn qīng hóng zào bái de bǎ wǒ màle yí dùn.

私はよかれと思ってしたのに、彼がいきなり私に怒り出すとは思いもしなかった。

⑥ bù guǎn sān qī èr shí yī
不管三七二十一　何も構わず／がむしゃらに

直訳　3×7＝21ということを気にせず

用例　**见有人落水了，他不管三七二十一就要跳下水去救人。**
Jiàn yǒu rén luò/shuǐ le, tā bùguǎn sān qī èrshíyī jiù yào tiàoxia shuǐ qù jiù rén.

誰かが水に落ちるのを見て、彼は何も考えずに水に飛び込み救助しようとした。

⑦ bù mǎi zhàng
不买账　相手のことに従わない／相手の面目をつぶす

直訳　借りをつくらない

用例　**如果商品的质量不怎么样，宣传得再好消费者也不会买账。**
Rúguǒ shāngpǐn de zhìliàng bù zěnmeyàng, xuānchuánde zài hǎo xiāofèizhě yě bú huì mǎi/zhàng.

もし商品の質がよくなければ、どんなに宣伝がよくても消費者は購入しないだろう。

⑧ bú xiàng huà
不像话　話にならない／ひどい

直訳　話に似ていない

用例　**这个房间实在乱得不像话，连个站的地方都没有。**
Zhèi ge fángjiān shízài luànde bú xiànghuà, lián ge zhàn de dìfang dōu méiyǒu.

この部屋は実にひどく散らかっていて、足の踏み場すらない。

9 不要脸 bú yào liǎn　　厚かましい／恥知らず（→P.151）

（直訳）面目が要らない

（用例）**一个人要是不要脸了，什么事都做得出来。**
Yí ge rén yàoshi bú yàoliǎn le, shénme shì dōu zuòdechūlái.

人はもし恥知らずになってしまったら、どんなことでもやりかねない。

10 擦边球 cā biān qiú　　違法すれすれの行為の例え

（直訳）卓球のエッジボール

（用例）**签订合同时一定要注意细节，小心对方打擦边球。**
Qiāndìng hétong shí yídìng yào zhùyì xìjié, xiǎoxin duìfāng dǎ cābiānqiú.

契約時には必ず細部に注意し、相手が違法すれすれの行為をしていないか用心すべきだ。

11 唱红脸 chàng hóng liǎn　　善玉の役柄を演じる

（直訳）京劇の赤い隈取の役を演じる

（用例）**在孩子的面前，一般是我唱红脸，老婆唱白脸。**
Zài háizi de miànqián, yìbān shì wǒ chàng hóngliǎn, lǎopo chàng báiliǎn.

子供の前では、だいたい私が善人役を、妻が憎まれ役を演じている。

12 吃老本 chī lǎo běn　　昔の実績を頼りに、それ以上努力しないこと

（直訳）元手を食いつぶす

（用例）**我们不能光靠吃老本过日子，必须不断吸取新的知识。**
Wǒmen bù néng guāng kào chī lǎoběn guò rìzi, bìxū búduàn xīqǔ xīn de zhīshi.

我々は過去の栄光頼みで暮らすべきではなく、常に新しい知識の習得が必要だ。

⑬ chī ruǎn fàn
吃软饭　　　　ヒモになる／女に養ってもらう

直訳　軟らかい飯を食う

用例　**他长得很帅，但我不想找一个没本事只会吃软饭的男人。**
Tā zhǎngde hěn shuài, dàn wǒ bù xiǎng zhǎo yí ge méi běnshi zhǐhuì chī ruǎnfàn de nánrén.

彼は男前だが、能なしのただのヒモである彼とは、私は付き合う気がしない。

⑭ chì bǎng yìng le
翅膀硬了　　　一人前になることの例え／
　　　　　　　　自立できるようになる

直訳　翼が硬くなった

用例　**不少企业的员工翅膀硬了就想单干或跳槽，忠诚度很低。**
Bùshǎo qǐyè de yuángōng chìbǎng yìng le jiù xiǎng dāngàn huò tiàocáo, zhōngchéngdù hěn dī.

企業の従業員の多くは一人前になると独立や転職を考え、会社への忠誠心は低い。

⑮ chū qì tǒng
出气筒　　　　八つ当たりの対象／怒りの相手

直訳　うっぷんを晴らすためのパイプ

用例　**他在公司受了气没地方发泄，回家就拿老婆当出气筒。**
Tā zài gōngsī shòule qì méi difang fāxiè, huí jiā jiù ná lǎopo dàng chūqìtǒng.

彼は会社でいじめられてうっぷんを晴らす所もないので、帰宅して妻に八つ当たりする。

⑯ chū zhǔ yi
出主意　　　　アイディアを出す／
　　　　　　　　対策を提案する（→P.147）

直訳　アイディアを出す

用例　**为了办好这次研讨会，他找了很多人帮着出主意、想办法。**
Wèile bànhǎo zhèi cì yántǎohuì, tā zhǎole hěn duō rén bāngzhe chū zhǔyi、xiǎng bànfǎ.

今回のシンポジウムを成功させるため、彼は大勢の人に知恵を出してくれるよう求めた。

⑰ chuān xiǎo xié
穿小鞋　　　　意地悪する／困らせる

直訳 小さな靴を履く

用例 经常给下属穿小鞋的领导，很难得到大家的尊重。
Jīngcháng gěi xiàshǔ chuān xiǎoxié de lǐngdǎo, hěn nán dé/dào dàjiā de zūnzhòng.

いつも部下を困らせる上司では、皆の敬意を得ることは大変難しい。

⑱ chuān yì tiáo kù zi
穿一条裤子　　　関係が大変親密である

直訳 同じズボンをはく

用例 原来他们俩是穿一条裤子的，怪不得那么要好。
Yuánlái tāmen liǎ shì chuān yì tiáo kùzi de, guàibude nàme yàohǎo.

なるほど、彼ら2人は大変仲がよかったのか。道理であんなに親しくしているわけだ。

⑲ dǎ xià shǒu r
打下手(儿)　　　手伝いをする／下働きを務める

直訳 助手を担当する

用例 妹妹很懂事，常常给在做家务的妈妈打下手。
Mèimei hěn dǒngshì, chángcháng gěi zài zuò jiāwù de māma dǎ xiàshǒu.

妹はとても聞き分けがよく、いつも家事をする母の手伝いをしている。

⑳ dà guō fàn
大锅饭　　　皆の待遇が同じで、
　　　　　　　悪平等であることの例え

直訳 大きな釜で炊いた飯

用例 中国在改革开放之后，已经告别了吃大锅饭的时代。
Zhōngguó zài gǎigé kāifàng zhīhòu, yǐjīng gàobiéle chī dàguōfàn de shídài.

中国は改革開放の後、全員が同じ待遇を受ける悪平等の時代とは別れを告げた。

㉑ 大老粗 dà lǎo cū 　　教養のない人／無学な者（→P.152）

直訳 ど田舎者

用例 **别看他是个没什么文化的大老粗，办事能力可强着呢！**
Biékàn tā shì ge méi shénme wénhuà de dàlǎocū, bàn/shì nénglì kě qiángzhe ne!

彼を何の教養もない田舎者と思ってはいけない、仕事をこなす力は相当なものだ！

㉒ 戴高帽(子) dài gāo mào zi 　　人をおだてる／もちあげる

直訳 高い帽子をかぶる

用例 **适当地给孩子戴戴高帽，可以起到让家长意想不到的效果。**
Shìdàngde gěi háizi dàidai gāomào, kěyǐ qǐdào ràng jiāzhǎng yìxiǎngbudào de xiàoguǒ.

うまく子供をおだてることで、親が思いもよらない効果をもたらすことがある。

㉓ 兜圈子 dōu quān zi 　　回りくどく言う／遠回しに言う

直訳 ぐるりと回る

用例 **他这人一向很耿直，有什么说什么，从来不兜圈子。**
Tā zhè rén yíxiàng hěn gěngzhí, yǒu shénme shuō shénme, cónglái bù dōu quānzi.

彼は以前から心がまっすぐな人物で、何でもはっきりと言い、遠回しに言うことはない。

㉔ 耳边风 ěr biān fēng 　　他人の忠告を気にとめない／
　　　　　　　　　　　　　　どこ吹く風（→P.155）

直訳 耳のそばを吹く風

用例 **你把长辈说的话都当成耳边风，这是会吃大亏的。**
Nǐ bǎ zhǎngbèi shuō de huà dōu dàngchéng ěrbiānfēng, zhè shì huì chī dà kuī de.

君は目上の人の忠告もどこ吹く風だが、そんなことではいつかひどい目に遭うよ。

25 耳朵软 ěr duo ruǎn

自分の考えをもたず、
たやすく人の言うことを信用する

直訳 耳が軟らかい

用例 他这个人能力还是挺强的，就是耳朵软，不适合当领导。
Tā zhèi ge rén nénglì háishì tǐng qiáng de, jiùshì ěrduo ruǎn, bú shìhé dāng lǐngdǎo.

彼の能力は優れているが、すぐに人の言うことを信用するので、リーダーには向かない。

26 二话没说 èr huà méi shuō

あれこれ言わずに／すぐに

直訳 ほかの言葉を言わず

用例 他忐忑不安地约女孩儿吃饭，没想到她二话没说就答应了。
Tā tǎntè bù'ānde yuē nǚháir chī/fàn, méixiǎngdào tā èrhuà méi shuō jiù dāying le.

彼はおどおどと女の子を食事に誘ったが、意外にも彼女は二つ返事でそれに応じた。

27 放长线钓大鱼 fàng cháng xiàn diào dà yú

目先の小さいことにとらわれない

直訳 長い糸を垂らして、大きな魚を釣る

用例 你真是个急性子，这件事得放长线钓大鱼，不要操之过急。
Nǐ zhēn shì ge jíxìngzi, zhèi jiàn shì děi fàng cháng xiàn diào dà yú, búyào cāo zhī guò jí.

君は本当にせっかちだが、この件は目先にとらわれず、焦りすぎないほうがよい。

28 狗嘴里吐不出象牙 gǒu zuǐ li tǔ bu chū xiàng yá

下品な人間は立派なことを言えない

直訳 犬の口から象牙は吐き出せない

用例 他呀，根本就是狗嘴里吐不出象牙，没一句好听的话。
Tā ya, gēnběn jiùshì gǒuzuǐli tǔbuchū xiàngyá, méi yí jù hǎotīng de huà.

彼は根っから下品で、気品あることは言えないから、気の利いた言葉は一つもない。

㉙ guā guā jiào
呱呱叫　　　ずば抜けている／すばらしい

直訳 グワッグワッ、ガァーガァーと鳴く

用例 **你来中国还不到一年，可汉语已经说得呱呱叫了！**
Nǐ lái Zhōngguó hái bú dào yì nián, kě Hànyǔ yǐjing shuōde guāguājiào le!

君は中国に来てまだ１年たっていないのに、中国語を驚くほど上手にしゃべるね！

㉚ hǎo le shāng bā wàng le tòng
好了伤疤忘了痛　　のど元過ぎれば熱さを忘れる

直訳 傷あとが治れば、痛みを忘れる

用例 **你呀，是好了伤疤忘了痛，怎么病才刚好就又开始喝酒了?**
Nǐ ya, shì hǎole shāngbā wàngle tòng, zěnme bìng cái gāng hǎo jiù yòu kāishǐ hē/jiǔ le?

君ね、のど元過ぎればなんとやらだよ。病気が治ったばかりなのにもう酒かい？

㉛ hǎo shuō dǎi shuō
好说歹说　　　あの手この手で説得する

直訳 よいことも悪いことも言う

用例 **她非要今晚就走，我好说歹说才把她留了下来。**
Tā fēiyào jīnwǎn jiù zǒu, wǒ hǎo shuō dǎi shuō cái bǎ tā liúle xiàlai.

彼女は何がなんでも今晩たとうとしたが、私はあの手この手で説得し何とか引き留めた。

㉜ hē xī běi fēng
喝西北风　　　すきっ腹を抱える

直訳 北西の風を飲む

用例 **最近手头紧得要命，再找不到工作就得喝西北风了。**
Zuìjìn shǒutóu jǐnde yàoming, zài zhǎobudào gōngzuò jiù děi hē xīběifēng le.

最近懐具合がとても悪く、これ以上仕事が見つからないとひもじい思いをすることになる。

㉝ hèn tiě bù chéng gāng
恨铁不成钢

ある人に立派になってもらいたい
ことの例え

直訳 鉄が鋼にならなくて大変残念に思う

用例 很多学生受过老师的批评，这种批评也是因为恨铁不成钢。
Hěn duō xuésheng shòuguo lǎoshī de pīping, zhèi zhǒng pīping yě shì yīnwèi hèn tiě bù chéng gāng.

多くの生徒が教師に叱責されるが、それは生徒に立派になってほしいと教師が願うからである。

㉞ hóng yǎn bìng
红眼病

よく人をねたむことの例え

直訳 結膜炎

用例 看到周围的人都买车买房了，许多买不起的人得了红眼病。
Kàndào zhōuwéi de rén dōu mǎi chē mǎi fáng le, xǔduō mǎibuqǐ de rén déle hóngyǎnbìng.

周りの人が車や新居を買うのを見ていると、買えない人の多くが嫉妬するようになる。

㉟ huàn tāng bú huàn yào
换汤不换药

首のすげ替え／実質には何の
変わりもないことの例え

直訳 薬膳のスープは替えるが、薬は替えない

用例 虽然他们公司改了名字，但其实仍是换汤不换药。
Suīrán tāmen gōngsī gǎile míngzi, dàn qíshí réng shì huàn tāng bú huàn yào.

彼らの会社は名称こそ変わったが、実質中身は何も変わっていない。

㊱ jiāo bái juàn
交白卷

任務を果たせない／無得点の試合

直訳 白紙の答案を出す

用例 如果这次的任务交了白卷，我回去就不好交代了。
Rúguǒ zhèi cì de rènwu jiāole báijuàn, wǒ huí/qu jiù bù hǎo jiāodài le.

もし今回の任務が成し遂げられなければ、私は戻ってもうまく申し開きができない。

37 开绿灯 kāi lǜ dēng　　ゴーサインを出す／便宜を図る

直訳 青信号を点灯させる

用例 **政府出台一系列政策，为大学生自主创业大开绿灯。**
Zhèngfǔ chū/tái yíxiliè zhèngcè, wèi dàxuéshēng zìzhǔ chuàngyè dà kāi lǜdēng.

政府は一連の政策を打ち出し、大学生が自ら起業することに対し大いに便宜を図った。

38 开小差 kāi xiǎochāi　　サボる／気が散る

直訳 抜け出す

用例 **这孩子太调皮了，上课不好好儿听讲，总是开小差。**
Zhè háizi tài tiáopí le, shàng/kè bù hǎohāor tīng/jiǎng, zǒngshì kāi xiǎochāi.

この子は本当にわんぱくで、授業もろくに聞かず、いつも気が散ってばかりいる。

39 砍大山 kǎn dà shān　　世間話をする／おしゃべりをする

直訳 大きな山をたたき切る

用例 **听说中国的出租车司机特别爱砍大山，是真的吗?**
Tīng/shuō Zhōngguó de chūzūchē sījī tèbié ài kǎn dàshān, shì zhēn de ma?

中国のタクシー運転手は世間話がとても好きだそうですが、本当ですか?

40 看热闹 kàn rè nao　　高見の見物をする／やじ馬見物をする

直訳 にぎわいを見る

用例 **不知为什么，今天一大早我家门口就挤满了看热闹的人。**
Bù zhī wèishénme, jīntiān yídàzǎo wǒ jiā ménkǒu jiù jǐmǎnle kàn rènao de rén.

なぜかわからないが、今朝早くから、わが家の門前はやじ馬でいっぱいだった。

41 lǎo yóu tiáo
老油条
世知にたけた者／海千山千

直訳 古い油条（おもに朝食に食べる揚げパン）

用例 **工作不到一年，他就从车间的新人变成了老油条了。**
Gōngzuò bú dào yì nián, tā jiù cóng chējiān de xīnrén biànchéngle lǎoyóutiáo le.

仕事をして1年もたたず、彼は現場の新人から<u>立派な擦れっからし</u>になってしまった。

42 liǎn hóng bó zi cū
脸红脖子粗
怒ったり興奮したりして、
顔が真っ赤になるさま

直訳 顔が赤くて、首が太い

用例 **那夫妻俩都是暴脾气，常一言不合就吵得脸红脖子粗。**
Nà fūqī liǎ dōu shì bàopíqi, cháng yì yán bù hé jiù chǎode liǎn hóng bózi cū.

あの夫婦は共に怒りっぽく、一言でも意見が違うとよく<u>顔を真っ赤にして</u>けんかを始める。

43 liǎng mǎ shì
两码事
別のこと／関係のない別の話

直訳 異なる内容の事柄

用例 **谈恋爱和结婚是两码事，两者不可混为一谈。**
Tán liàn'ài hé jié/hūn shì liǎngmǎshì, liǎngzhě bùkě hùn wéi yì tán.

恋愛と結婚は<u>全く別の話</u>であり、両者を同列に論じてはいけない。

44 mǎ hòu pào
马后炮
後の祭り／手遅れ

直訳 中国将棋で「馬」のこまの後に「炮」のこまを控える手

用例 **大家都旅游回来了，你才说想去，这不是放马后炮吗?**
Dàjiā dōu lǚyóu huí/lai le, nǐ cái shuō xiǎng qù, zhè bú shì fàng mǎhòupào ma?

皆がもう旅行から帰ってきたのに、今さら行きたかったなんて、それこそ<u>後の祭り</u>じゃない？

45 摸不着头脑
mō bu zháo tóu nǎo

チンプンカンプン／訳がわからない

直訳 頭をつかむことができない

用例 **他说的一口日式英语让老外完全摸不着头脑。**
Tā shuō de yì kǒu Rìshì Yīngyǔ ràng lǎowài wánquán mōbuzháo tóunǎo.

彼の話す日本語なまりの英語は、外国人には全く<u>チンプンカンプン</u>である。

46 捏(一)把汗
niē yì bǎ hàn

はらはらするさま／
緊張したり心配したりする

直訳 手に汗を握る

用例 **一边听她的演讲，一边替她捏一把汗，担心她忘了词儿。**
Yìbiān tīng tā de yǎnjiǎng, yìbiān tì tā niē yì bǎ hàn, dānxīn tā wàngle cír.

彼女のスピーチを聞きながら、彼女がその内容を忘れないかと心配では<u>らはらしている</u>。

47 跑龙套
pǎo lóng tào

雑用係／重要でない仕事をすること

直訳 芝居で端役を演じる

用例 **我只不过是给老板跑跑龙套，工作内容单纯得很。**
Wǒ zhǐ búguò shì gěi lǎobǎn pǎopao lóngtào, gōngzuò nèiróng dānchúnde hěn.

私はただ社長の<u>雑用をし</u>ているだけで、内容としては実にルーチンワークだ。

48 气不打一处来
qì bù dǎ yí chù lái

非常に腹立たしいこと／
やたらと怒る

直訳 怒りは1ヵ所から来るわけではない

用例 **一提起当年那件被人冤枉的事儿，他就气不打一处来。**
Yì tíqǐ dāngnián nèi jiàn bèi rén yuānwang de shìr, tā jiù qì bù dǎ yí chù lái.

無実の罪を着せられた当時の話になると、彼はすぐに<u>激しく怒り出す</u>。

49 千里送鹅毛

qiān lǐ sòng é máo

わずかな物でも、気持ちはこもっている

直訳 はるかかなたからガチョウの羽を送る

用例 **礼物不必非得高档，千里送鹅毛才是送礼的真谛。**

Lǐwù búbì fēiděi gāodàng, qiān lǐ sòng émáo cái shì sòng/lǐ de zhēndì.

贈り物は高ければよいわけではなく、ささやかな品でも心がこもっていることが大切である。

50 前怕狼，后怕虎

qiān pà láng hòu pà hǔ

びくびくして一歩も進めないことの例え （→P.142）

直訳 前方の狼を恐れ、後ろの虎をも怖がる

用例 **你也实在够胆小的，老这样前怕狼，后怕虎的，哪儿行啊?**

Nǐ yě shízài gòu dǎnxiǎo de, lǎo zhèyàng qián pà láng, hòu pà hǔ de, nǎr xíng a?

君は肝が本当に小さく、いつもこんなふうにびくびくしていて、大丈夫なんですか？

(51) 敲边鼓

qiāo biān gǔ

横から加勢する／口添えをする

直訳 傍らで太鼓をたたく

用例 **要不是你在一旁敲边鼓，这事要办成恐怕不那么容易。**

Yàobushì nǐ zài yìpáng qiāo biāngǔ, zhè shì yào bànchéng kǒngpà bú nàme róngyì.

あなたが脇から口添えしてくれなければ、この件は恐らくうまくいかなかっただろう。

(52) 翘尾巴

qiào wěi ba

天狗になる／うぬぼれる

直訳 しっぽを立てる

用例 **这次虽然赢了，但决不能翘尾巴，未来的路还很长。**

Zhèi cì suīrán yíng le, dàn jué bù néng qiào wěiba, wèilái de lù hái hěn cháng.

今回は勝ったが、決して天狗になってはならない、これからの道のりはまだとても遠い。

㊼ rè xīn cháng r
热心肠(儿)

世話好きな人／
親切で面倒見がよい人

直訳 熱い心根

用例 **别看她表面一副冷冰冰的样子，其实是个热心肠。**
Biékàn tā biǎomiàn yí fù lěngbīngbīng de yàngzi, qíshí shì ge rèxīncháng.

彼女は見た目は冷たそうに見えるが、実際には親切で面倒見のよい人だ。

㊔ shàng zéi chuán
上贼船

悪事にはまり込む／だまされる

直訳 海賊船に乗り込む

用例 **你算是说着了，这次的投资差点儿就上了贼船。**
Nǐ suànshì shuōzháo le, zhèi cì de tóuzī chàdiǎnr jiù shàngle zéichuán.

痛いところをついてきたね。今回の投資では、危うくだまされるところだったよ。

㊕ shuǎ bǎ xì
耍把戏

インチキを働く／小細工を弄する

直訳 手品を見せる

用例 **我对他太了解了，他在耍什么把戏，我心里清楚得很。**
Wǒ duì tā tài liǎojiě le, tā zài shuǎ shénme bǎxì, wǒ xīnli qīngchude hěn.

私は彼のことをよく知っているので、どんな小細工をするのか、手にとるようにわかる。

㊖ sī pò liǎn pí
撕破脸(皮)

互いのメンツをつぶす／
仲たがいする（→P.159）

直訳 顔を引き裂く

用例 **你们兄弟俩就为这点儿小事撕破脸皮，值得吗?**
Nǐmen xiōngdì liǎ jiù wèi zhèdiǎnr xiǎoshì sīpò liǎnpí, zhí/de ma?

君ら2人は兄弟なのに、こんなささいなことで仲たがいしてもつまらないだろう？

57 sǐ hú tòng r
死胡同(儿)

袋小路／
行き詰まることの例え (→P.159)

直訳 行き止まりの路地

用例 **我们公司的经营钻进了死胡同，工资都拖欠了几个月了。**
Wǒmen gōngsī de jīngyíng zuānjìnle sǐhútòng, gōngzī dōu tuōqiànle jǐ ge yuè le.

我々の会社の経営は行き詰まってしまい、何ヵ月も給料の支払いが滞っている。

---

58 tào jìn hu
套近乎

取り入って機嫌をとる／
なれなれしくする

直訳 親しい関係をつくりあげる

用例 **你少跟我套近乎，该不会是有什么目的吧?**
Nǐ shǎo gēn wǒ tào jìnhu, gāi bú huì shì yǒu shénme mùdi ba?

ご機嫌とりはよせよ、何か下心でもあるのではないかい？

---

59 tī pí qiú
踢皮球

責任逃れをする／たらい回しにする

直訳 ボール蹴りをする

用例 **现在互相踢皮球的政府机关还有的是，这种恶习一定要改。**
Xiànzài hùxiāng tī píqiú de zhèngfǔ jīguān hái yǒudeshì, zhèi zhǒng èxí yídìng yào gǎi.

現在も多くの役所では互いに責任をなすりつけているが、この悪習は改めるべきである。

---

60 tiāo zì yǎnr
挑字眼儿

揚げ足をとる／言葉じりをとらえる

直訳 言葉のあら探しをする

用例 **他爸爸是一个老编辑，读书看报喜欢挑字眼儿。**
Tā bàba shì yí ge lǎo biānjí, dú/shū kàn/bào xǐhuan tiāo zìyǎnr.

彼の父はベテランの編集者で、本を読んでも新聞を見ても、よくあら探しをしている。

(61) 铁了心
tiě le xīn

決心を固めたことの例え

直訳 鉄のような固い心

用例 **她**铁了心**要跟男友在一起，父母再怎么反对也没用。**
Tā tiěle xīn yào gēn nányǒu zài yìqǐ, fùmǔ zài zěnme fǎnduì yě méiyòng.

彼女は彼と一緒になると心に決めたので、もう両親がどんなに反対しても無駄だ。

(62) 五分钟热度
wǔ fēnzhōng rè dù

三日坊主／あきっぽい (→P.60)

直訳 5分間の熱意

用例 **他做什么事情都只有**五分钟热度**，从来不能坚持到底。**
Tā zuò shénme shìqing dōu zhǐ yǒu wǔ fēnzhōng rèdù, cónglái bù néng jiānchí dào/dǐ.

彼は何をやっても三日坊主で、これまで頑張り通せた試しがない。

(63) 下马威
xià mǎ wēi

まず初めに威厳を見せつける／にらみを利かせる

直訳 馬を下りるとすぐに威勢を示す

用例 **新来的老师在第一次上课时，就给大家一个**下马威**。**
Xīn lái de lǎoshī zài dìyī cì shàng/kè shí, jiù gěi dàjiā yí ge xiàmǎwēi.

新しく来た先生は最初の授業の時、まずは皆ににらみを利かせた。

(64) 小皇帝
xiǎohuáng dì

中国の一人っ子政策で甘やかされて育った子供を指す

直訳 小さな皇帝

用例 **他在家里是个**小皇帝**，什么都不做，连个碗也没洗过。**
Tā zài jiāli shì ge xiǎohuángdì, shénme dōu bú zuò, lián ge wǎn yě méi xǐguo.

彼は家では甘やかされている子供だから、何もせず、お椀すら洗ったことがない。

65 yǎn zhōng dīng
眼中钉　　　　目の上のたんこぶ／邪魔もの

直訳 目の中のくぎ

用例 **我好像成了她的眼中钉，总是故意跟我过不去。**
Wǒ hǎoxiàng chéngle tā de yǎnzhōngdīng, zǒngshi gùyi gēn wǒ guòbuqù.

私は彼女にとってどうやら目の上のたんこぶらしく、いつもわざと難癖をつけてくる。

66 yáo qián shù
摇钱树　　　　金のなる木／お金を手に入れる
　　　　　　　　ことのできる人や物

直訳 揺らすとお金が落ちてくる木

用例 **你就饶了我吧！我可不是你的摇钱树。**
Nǐ jiù ráole wǒ ba! Wǒ kě bú shi nǐ de yáoqiánshù.

お願いだから勘弁してよ！　私はあなたの金づるではないのだから。

67 yǎo ěr duo
咬耳朵　　　　内緒話をする／ひそひそ話す（→P.129）

直訳 耳をかむ

用例 **课堂上，她又和同学咬耳朵，结果被老师狠狠地训了一顿。**
Kètángshang, tā yòu hé tóngxué yǎo ěrduo, jiéguǒ bèi lǎoshī hěnhěnde xùnle yí dùn.

授業中彼女はまたクラスメートと内緒話をしていたので、先生にこってりしぼられた。

68 yí ge luó bo yí ge kēng r
一个萝卜一个坑(儿)　　それぞれの職務を
　　　　　　　　　　　　固守することの例え

直訳 一本の大根に一つの穴

用例 **咱们公司是一个萝卜一个坑，你要是请假，就没人手了。**
Zánmen gōngsī shì yí ge luóbo yí ge kēng, nǐ yàoshi qǐng/jià, jiù méi rénshǒu le.

わが社は受け持ちの仕事が各自決まっているから、君が休んだら代わりがいないよ。

69 yì gēn jīn
一根筋

頑固一徹／融通が利かない（→P.160）

直訳 一本の筋

用例 我爷爷是一个不折不扣的一根筋，大家都管他叫老顽固。
Wǒ yéye shì yí ge bù zhé bú kòu de yì gēn jīn, dàjiā dōu guǎn tā jiào lǎowángù.

祖父は正真正銘融通の利かない人で、皆が祖父のことを大変な頑固者だと言っている。

70 yì kǒu chī chéng pàng zi
一口吃成胖子

物事を一気に
やりとげようとする例え

直訳 一口食べただけでデブになる

用例 学习外语一定要有耐心，千万不要想一口吃成胖子。
Xuéxí wàiyǔ yídìng yào yǒu nàixīn, qiānwàn búyào xiǎng yì kǒu chīchéng pàngzi.

外国語の習得には根気が必要で、決してすぐさま会得したいと考えてはならない。

71 yì wǎn shuǐ duān píng
一碗水端平

えこひいきをせず、
平等に扱うことの例え（→P.163）

直訳 水の入ったお碗を水平に持つ

用例 身为裁判，最重要的是要做到一碗水端平。
Shēnwéi cáipàn, zuì zhòngyào de shì yào zuòdào yì wǎn shuǐ duānpíng.

試合の審判員として、最も重要なのはえこひいきをせず、双方を平等に扱うことである。

72 yǒu bí zi yǒu yǎnr
有鼻子有眼儿

話が真に迫っている／
本当らしく思える

直訳 鼻があり目がある

用例 他把这个谎言说得有鼻子有眼儿的，不由得你不信。
Tā bǎ zhèi ge huǎngyán shuōde yǒu bízi yǒu yǎnr de, bùyóude nǐ bú xìn.

彼がもっともらしくこの嘘をついたから、君も信じざるをえなかったんだね。

73 yǒu shuǐ fèn
有水分　　　　　　水増しする／話が大げさである

直訳 水分が入っている

用例 他说的话听起来都很动听，其实里面有很多水分。
Tā shuō de huà tīngqǐlai dōu hěn dòngtīng, qíshí lǐmiàn yǒu hěn duō shuǐfèn.

彼の話はどれも聞こえのいいことばかりだが、実際はだいぶ話が大げさになっている。

74 zāi gēn tou
栽跟头　　　　　　失敗や恥をさらすことの例え

直訳 転倒する

用例 在求学路上，他虽然一再栽跟头，但却从没有气馁过。
Zài qiúxué lùshang, tā suīrán yízài zāi gēntou, dàn què cóng méiyou qìněiguo.

学問を探究している間、彼は何度も苦汁をなめたが、落胆することはなかった。

75 zhí cháng zi
直肠子　　　　一本気な人／性格がまっすぐで
　　　　　　　　　裏表のない人（→P. 130）

直訳 腸がまっすぐ

用例 他是个直肠子，有什么说什么，因此得罪了不少人。
Tā shì ge zhíchángzi, yǒu shénme shuō shénme, yīncǐ dézuìle bùshǎo rén.

彼は一本気な人で、あけすけにものを言うので、多くの人から恨みをかっている。

76 zhǔ shú de yā zi fēi le
煮熟的鸭子飞了　　せっかく手に入れたものを
　　　　　　　　　　　失うことの例え

直訳 煮えたアヒルが飛んで行ってしまった

用例 眼看煮熟的鸭子就要飞了，他不着急才怪呢！
Yǎnkàn zhǔshú de yāzi jiùyào fēi le, tā bù zháo/jí cái guài ne!

手に入れたものを今にも失いそうなのだから、彼が焦らないはずがないよ！

77 zǒu guò chǎng
走过场

お茶を濁す／表面だけを
取り繕って、その場を切り抜ける

（直訳）舞台を素通りする

（用例）**他答应过我好几次，可每回都是走过场，问题还是没解决。**
Tā dāyìngguo wǒ hǎo jǐ cì, kě měihuí dōu shì zǒu guòchǎng, wèntí háishi méi jiějué.

彼は私に何度もオーケーしたが、いつも返事ばかりで、問題は未だに解決していない。

78 zuān niú jiǎo jiān
钻牛角尖

重箱の隅をつつく／
くだらないことにこだわる

（直訳）牛の角先に入り込む

（用例）**换个角度去想问题，不钻牛角尖，日子会过得更愉快。**
Huàn ge jiǎodù qù xiǎng wèntí, bù zuān niújiǎojiān, rìzi huì guòde gèng yúkuài.

問題を考える視点を変え、つまらぬ問題で悩まなければ、より楽しく日々を過ごせる。

79 zuì wēng zhī yì bú zài jiǔ
醉翁之意不在酒

ねらいは別のところにある／
敵は本能寺にあり

（直訳）酔翁の意は酒に在らず（出典：『酔翁亭記』・欧陽修）

（用例）**听你这么一说，你这么做的目的显然是醉翁之意不在酒吧?**
Tīng nǐ zhème yì shuō, nǐ zhème zuò de mùdì xiǎnrán shì zuìwēng zhī yì bú zài jiǔ ba?

君の話を聞くと、君のねらいは、明らかに別のところにありますね？

80 zuǒ yòu shǒu
左右手

右腕／信頼できるアシスタント

（直訳）左右の手

（用例）**现在可好了，有你当我的左右手，我尽可放手去干了。**
Xiànzài kě hǎo le, yǒu nǐ dāng wǒ de zuǒyòushǒu, wǒ jǐnkě fàng/shǒu qù gàn le.

本当によかったよ。君が私の右腕になってくれて、私は存分に仕事に打ち込める。

可能補語の肯定パターン ➡	可能補語の否定パターン
chī de kāi **吃得开** 歓迎される	chī bu kāi **吃不开** 歓迎されない
chī de xiāo **吃得消** 耐えられる	chī bu xiāo **吃不消** 耐えられない
gēn de shàng **跟得上** ついていける	gēn bu shàng **跟不上** ついていけない
gù de shàng **顾得上** 構うことができる	gù bu shàng **顾不上** 構っていられない
hé de lái **合得来** 気が合う	hé bu lái **合不来** 気が合わない
huá de lái **划得来** 割に合う	huá bu lái **划不来** 割に合わない
kàn de qǐ **看得起** 尊敬する	kàn bu qǐ **看不起** 軽蔑する
ná de chū shǒu **拿得出手** 人前に出せる	ná bu chū shǒu **拿不出手** 人前に出せない
pài de shàng yòng chǎng **派得上用场** 役に立つ	pài bu shàng yòng chǎng **派不上用场** 役に立たない
rě de qǐ **惹得起** 逆らえる	rě bu qǐ **惹不起** 逆らえない
shuō de guò qù **说得过去** 筋道が通る	shuō bu guò qù **说不过去** 筋道が通らない
tái de qǐ tóu lái **抬得起头来** 堂々と	tái bu qǐ tóu lái **抬不起头来** 大変恥ずかしい
tán de lái **谈得来** 話が合う	tán bu lái **谈不来** 話が合わない
xiǎng de kāi **想得开** くよくよしない	xiǎng bu kāi **想不开** くよくよと思い悩む
xíng de tōng **行得通** 通用する	xíng bu tōng **行不通** 通用しない

パート5

用例で覚えよう

一四字成語

指鹿为马

❶ ài bú shì shǒu
爱不释手 　　大変気に入り片時も手放そうとしない

用例 **这部新款的手机既美观又实用，令人爱不释手。**
Zhèi bù xīnkuǎn de shǒujī jì měiguān yòu shíyòng, lìng rén ài bú shì shǒu.

この新型の携帯電話は見た目がよく実用的で、多くの人が愛用している。

参考表現 成 **情有独钟** qíng yǒu dú zhōng 「ある物事に対しとりわけ気に入る」

❷ ān rán wú yàng
安然无恙 　　つつがなく無事である

用例 **太好了，他安然无恙地回来了，真是谢天谢地！**
Tài hǎo le, tā ān rán wú yàng de huí/lai le, zhēn shì xiè tiān xiè dì!

よかった、彼が無事に戻ってきて、本当に感謝感激です！

類似表現 成 **平安无事** píng ān wú shì 「平穏無事である」

❸ bái tóu xié lǎo
白头偕老 　　夫婦がともに白髪の生えるまで

用例 **祝今天这一对新人白头偕老，永远幸福。**
Zhù jīntiān zhè yí duì xīnrén bái tóu xié lǎo, yǒngyuǎn xìngfú.

今日結婚したこの2人が、ともに白髪が生えるまでずっと幸せであるよう祈ります。

類似表現 成 **白头到老** bái tóu dào lǎo 「ともに白髪になるまで添い遂げる」

❹ biān cháng mò jí
鞭长莫及 　　力が及ばない

用例 **你的要求太高了，就我们的能力来说实在是鞭长莫及呀！**
Nǐ de yāoqiú tài gāo le, jiù wǒmen de nénglì lái shuō shízài shì biān cháng mò jí ya!

あなたの要求するレベルが高すぎて、我々の力では到底手に負えません！

類似表現 成 **心有余而力不足** xīn yǒu yú ér lì bù zú
「気持ちは十分だが、力が足りない」（→P.19/P.86）

5 bīn bīn yǒu lǐ
彬彬有礼　　　品がよく礼儀正しい（→P.68）

用例 **日本人给人的印象是待人彬彬有礼，总是面带笑容。**
Rìběnrén gěi rén de yìnxiàng shì dài/rén bīn bīn yǒu lǐ, zǒngshì miàn dài xiàoróng.

日本人が私たちに与える印象は、礼儀正しく、いつも笑顔というものである。

類似表現 **成** 温文尔雅 wēn wén ěr yǎ 「穏やかで上品である」（→P.68）

6 bú dòng shēng sè
不动声色　　　感情を顔に出さない

用例 **今天你打头阵，千万记住！要不动声色，以免打草惊蛇。**
Jīntiān nǐ dǎ tóu zhèn, qiānwàn jìzhù! Yào bú dòng shēng sè, yǐmiǎn dǎ cǎo jīng shé.

今日君に先陣を切ってもらう。絶対に感づかれないよう、冷静な態度で臨むのを忘れるな！

反対表現 **成** 喜形于色 xǐ xíng yú sè 「喜びを顔に表す」

7 bù xiū biān fú
不修边幅　　　身なりを飾らない

用例 **在我看来，从事艺术工作者不修边幅的人比较多。**
Zài wǒ kànlái, cóngshì yìshù gōngzuòzhě bù xiū biān fú de rén bǐjiào duō.

私が思うに、芸術に携わる人は、身なりに頓着しない人が比較的多い。

参考表現 **成** 蓬头垢面 péng tóu gòu miàn 「ぼさぼさの髪の毛と汚れている顔」

8 bù yí yú lì
不遗余力　　　全力を尽くす

用例 **父母对孩子的教育不遗余力，都希望他们考取理想的学校。**
Fùmǔ duì háizi de jiàoyù bù yí yú lì, dōu xīwàng tāmen kǎoqǔ lǐxiǎng de xuéxiào.

親は子供の教育に全力を注ぎ、みな子供が志望校に合格することを願っている。

類似表現 **成** 全力以赴 quán lì yǐ fù 「全力で事に当たる」

9 bù yuē ér tóng
不约而同　　　　　　　期せずして一致する（→P.164）

（用例）**看了她的照片，大家不约而同地说："真漂亮！"**
Kànle tā de zhàopiàn, dàjiā bù yuē ér tóng de shuō: zhēn piàoliang!

彼女の写真を見て、期せずしてみなが口を揃えて「美人だ！」と言った。

（類似表現）**成 不谋而合** bù móu ér hé「偶然に一致する」

10 bú zài huà xià
不在话下　　　　　　　言うまでもない／取るに足らない

（用例）**他连白酒都喝不醉,啤酒就更不在话下了。**
Tā lián báijiǔ dōu hēbuzuì, píjiǔ jiù gèng bú zài huà xià le.

彼は「白酒」でも酔わないくらいだから、ビールなんて問題にならないよ。
　　　バイジュウ

（参考表現）**慣 小意思** xiǎoyìsi「なんでもないこと」（→P.91）

11 chū lèi bá cuì
出类拔萃　　　　　　　衆に抜きん出る（→P.151）
　　　　　　　　　　　　　　しゅう

（用例）**他得过奥运金牌，不用说是个出类拔萃的运动员。**
Tā déguo Àoyùn jīnpái, búyòngshuō shì ge chū lèi bá cuì de yùndòngyuán.

彼はオリンピックで金メダルを取ったのだから、突出した選手であるのは当り前だ。

（類似表現）**成 鹤立鸡群** hè lì jī qún「鶏群の一鶴／掃きだめに鶴」（→P.151）

12 cū xīn dà yì
粗心大意　　　　　　　そそっかしくて、いい加減である
　　　　　　　　　　　　　　　　　　　　　　　　（→P.137）

（用例）**凡事要小心谨慎，做什么事都不能粗心大意。**
Fánshì yào xiǎoxīn jǐnshèn, zuò shénme shì dōu bù néng cū xīn dà yì.

何事も慎重に行うべきで、どんなことをするにも、いい加減に行ってはならない。

（反対表現）**成 小心翼翼** xiǎo xīn yì yì「注意深いさま」（→P.137）

⑬ cùn bù nán xíng
寸步难行

境遇が苦しいことの例え／
身動きがとれない

（用例）**有理走遍天下，无理寸步难行。**
Yǒulǐ zǒubiàn tiānxià, wúlǐ cùnbù nánxíng.

道理にかなうことは天下に通用するが、道理に背くことはいかなる時も通用しない。

（参考表現）**成** 进退维谷 jìn tuì wéi gǔ「窮地に陥る」

⑭ dì lǎo tiān huāng
地老天荒

大変長い時間が経過することの例え

（用例）**临走前他对我说："我们的爱地老天荒，永远不变。"**
Línzǒu qián tā duì wǒ shuō: Wǒmen de ài dì lǎo tiān huāng, yǒngyuǎn bú biàn.

出発間際、彼は私に「私たちの愛はこれから先もずっと、永遠に変わらない」と言った。

（類似表現）**成** 天荒地老 tiān huāng dì lǎo「悠久の時がたつことの例え」

⑮ duì niú tán qín
对牛弹琴

馬の耳に念仏

（用例）**和他那种大老粗谈艺术，简直就是对牛弹琴。**
Hé tā nèi zhǒng dàlǎocū tán yìshù, jiǎnzhí jiù shì duì niú tán qín.

彼のような無学の人に芸術を語っても、全くもって無駄だ。

（反対表現）**成** 心领神会 xīn lǐng shén huì「以心伝心で理解する」

⑯ duō cái duō yì
多才多艺

たげいたさい
多芸多才 （→P.144／P.149）

（用例）**她多才多艺，却是英雄无用武之地，常坐冷板凳。**
Tā duō cái duō yì, què shì yīngxióng wú yòngwǔ zhī dì, cháng zuò lěngbǎndèng.

彼女は多くの才能をもちながらも活かせる機会がなく、しばしば冷や飯を食わされている。

（反対表現）**成** 一无所长 yì wú suǒ cháng「なんの取りえもない」（→P.149）

⓱ fān tiān fù dì
翻天覆地　　　　巨大な変化の例え

用例 几年没来，中国竟发生了如此翻天覆地的变化。
Jǐ nián méi lái, Zhōngguó jìng fāshēngle rúcǐ fān tiān fù dì de biànhuà.

数年ぶりに見た中国は、昔の姿を全くとどめぬほど大きな変貌を遂げていた。

類似表現 **成** 天翻地覆 tiān fān dì fù「変化の大きいこと」

⓲ fǎn fù wú cháng
反复无常　　　ころころとよく変わる（→P.163）

用例 总经理说话反复无常，开空头支票是常有的事。
Zǒngjīnglǐ shuō/huà fǎn fù wú cháng, kāi kōngtóu zhīpiào shì chángyǒu de shì.

社長は言うことがしょっちゅう変わるので、空約束になるのは日常茶飯事だ。

反対表現 **成** 一诺千金 yí nuò qiān jīn
「一諾千金／話に信用がおけること」（→P.163）

⓳ gāo tái guì shǒu
高抬贵手　　　　お許しください

用例 请您高抬贵手，别在大家面前揭我的疮疤。
Qǐng nín gāo tái guì shǒu, bié zài dàjiā miànqián jiē wǒ de chuāngbā.

勘弁してください。どうかみなの前で私の古傷を暴かないでください。

類似表現 **成** 手下留情 shǒu xià liú qíng「お手やわらかに」

⓴ gōng bú yìng qiú
供不应求　　　供給が需要に追いつかない

用例 我们公司的产品很畅销，由于供不应求而经常缺货。
Wǒmen gōngsī de chǎnpǐn hěn chàngxiāo, yóuyú gōng bú yìng qiú ér jīngcháng quē/huò.

わが社の製品は売れ行きがよく、供給が需要に追いつかないため、いつも品不足だ。

反対表現 **慣** 供过于求 gōng guò yú qiú「供給過剰」

㉑ gū lòu guǎ wén
孤陋寡闻
学識が浅く見聞が狭い（→P.153）

用例 你未免也太孤陋寡闻了，连这么有名的品牌都不知道。
Nǐ wèimiǎn yě tài gū lòu guǎ wén le, lián zhème yǒumíng de pǐnpái dōu bù zhīdào.

いくらなんでも無知すぎますね。こんな有名ブランドさえ知らないとは。

類似表現 成 井底之蛙 jǐng dǐ zhī wā「井の中の蛙」（→P.153）

㉒ hú lún tūn zǎo
囫囵吞枣
何も分析せず、うのみにすることの例え

用例 读书做学问一定要融会贯通，不能囫囵吞枣。
Dú/shū zuò xuéwèn yídìng yào róng huì guàn tōng, bù néng hú lún tūn zǎo.

勉強や学問では、必ず多角的に理解すべきで、すべてをうのみにしてはならない。

類似表現 成 不求甚解 bù qiú shèn jiě「深く理解しようとしない」

㉓ huǎng rán dà wù
恍然大悟
突然悟る／不意にひらめく

用例 经你一指点我才恍然大悟，原来是这么回事。
Jìng nǐ yì zhǐdiǎn wǒ cái huǎng rán dà wù, yuánlái shì zhème huíshì.

なるほど、そういうことだったのか。あなたの指摘で初めてピンときた。

反対表現 成 百思不解 bǎi sī bù jiě「いくら考えても理解できない」

㉔ jiāo tóu jiē ěr
交头接耳
内緒話をする

用例 她们俩你一句我一句交头接耳地不知在说些什么。
Tāmen liǎ nǐ yí jù wǒ yí jù jiāo tóu jiē ěr de bù zhī zài shuō xiē shénme.

彼女たち2人は互いに何かひそひそと内緒話をしている。

類似表現 慣 咬耳朵 yǎo ěrduo「内緒話をする／ひそひそ話す」（→P.118）

㉕ Jīng Wèi fēn míng
泾渭分明　　　　両者の間に一線が画されている

用例 他们两人的政治立场泾渭分明，我们就不用多费唇舌了。
Tāmen liǎng rén de zhèngzhì lìchǎng Jīng Wèi fēn míng, wǒmen jiù búyòng duō fèi chúnshé le.

彼ら2人の政治的立場は<u>明らかに違う</u>のだから、我々が余計な口を挟むことはない。

参考表現 諺 井水不犯河水 jǐngshuǐ bú fàn héshuǐ 「お互いの領分にはかかわらない」

㉖ kǒu shì xīn fēi
口是心非　　　　言っていることと考えていることが違う

用例 请你一定要相信我，我决不是那种口是心非的人。
Qǐng nǐ yídìng yào xiāngxìn wǒ, wǒ jué bú shì nèi zhǒng kǒu shì xīn fēi de rén.

頼むから私を信じてください、私は決して<u>口先ばかり</u>の人間ではありません。

反対表現 慣 直肠子 zhíchángzi
　　　　　　　「一本気な人／性格がまっすぐで裏表のない人」 (→P.120)

㉗ láng tūn hǔ yàn
狼吞虎咽　　　　がつがつと食べるさま (→P.146)

用例 吃东西要细嚼慢咽，你这样狼吞虎咽的对胃不好。
Chī dōngxi yào xì jiáo màn yàn, nǐ zhèyàng láng tūn hǔ yàn de duì wèi bù hǎo.

食事はよくかむべきだ。そんなに<u>急いで食べ</u>たら胃によくないよ。

反対表現 成 细嚼慢咽 xì jiáo màn yàn 「よくかんでゆっくり飲み込む」

㉘ liǎng quán qí měi
两全其美　　　　双方とも円満に収まる

用例 快替我想想，有没有什么两全其美的办法。
Kuài tì wǒ xiǎngxiang, yǒu méi yǒu shénme liǎng quán qí měi de bànfǎ.

<u>どちらも円満に解決できる方法</u>がないか、私の代わりに早く考えてください。

参考表現 成 十全十美 shí quán shí měi 「完全無欠で申し分がない」 (→P.97)

㉙ míng liè qián máo
名列前茅　　　　名を上位に連ねる（→P.159）

（用例）**你真有两下子，每次考试总是名列前茅。**
Nǐ zhēn yǒu liǎngxiàzi, měicì kǎoshì zǒngshì míng liè qián máo.

君は本当にすごいね、毎回試験でいつも<u>上位に入っている</u>じゃないか。

（反対表現）**成** 名落孙山 míng luò Sūn Shān「不合格の例え」（→P.66）

㉚ mó léng liǎng kě
模棱两可　　　　どっちつかずであいまいである

（用例）**这种模棱两可的态度应该彻底地改一改。**
Zhèi zhǒng mó léng liǎng kě de tàidu yīnggāi chèdǐde gǎiyigai.

このようなあいまいな態度は、徹底して改めるべきである。

（類似表現）**成** 不置可否 bú zhì kě fǒu「いいとも悪いともはっきりしない」

㉛ nòng qiǎo chéng zhuō
弄巧成拙　　　　うまくやろうとして、かえって失敗する

（用例）**本来打算好好儿捞一把，没想到反而弄巧成拙赔了本。**
Běnlái dǎsuan hǎohàor lāo yì bǎ, méi xiǎngdào fǎn'ér nòng qiǎo chéng zhuō péile běn.

最初はうまく一儲けするつもりだったが、<u>かえって失敗し元手を失う</u>とは思わなかった。

（類似表現）**諺** 偷鸡不着蚀把米 tōu jī bù zháo shí bǎ mǐ「元も子もない」

㉜ ǒu duàn sī lián
藕断丝连　　　　くされ縁が切れない

（用例）**你怎么这么死心眼，都已经分手了还跟他藕断丝连。**
Nǐ zěnme zhème sǐxīnyǎn, dōu yǐjīng fēn/shǒu le hái gēn tā ǒu duàn sī lián.

なぜそうあきらめきれないの、彼とは別れたはずなのに、<u>まだ連絡をとっている</u>なんて。

（反対表現）**成** 一刀两断 yì dāo liǎng duàn「きっぱりと関係を断ち切る」

33 pàn ruò liǎng rén
判若两人　　　　　　まるで別人のようである

用例 他在婚前和婚后的态度判若两人，让我感到很吃惊。
Tā zài hūnqián hé hūnhòu de tàidu pàn ruò liǎng rén, ràng wǒ gǎndào hěn chī/jīng.

結婚の前と後では彼の態度はまるで別人のようで、私は大変驚いた。

類似表現 成 截然不同 jié rán bù tóng 「明らかに異なる」

34 qiān fāng bǎi jì
千方百计　　　　　　あの手この手で

用例 母亲千方百计地想把女儿送进这所名校就读。
Mǔqin qiān fāng bǎi jì de xiǎng bǎ nǚ'ér sòngjin zhèi suǒ míngxiào jiùdú.

母親は娘をこの名門校に入れようと、あの手この手を考えた。

類似表現 成 想方设法 xiǎng fāng shè fǎ 「ありとあらゆる方法を考える」

35 qián suǒ wèi yǒu
前所未有　　　　　　未曾有である
　　　　　　　　　　　み ぞ う

用例 听说这次的展示规模是前所未有的，我一定要看个够。
Tīng/shuō zhèi cì de zhǎnshì guīmó shì qián suǒ wèi yǒu de, wǒ yídìng yào kànge gòu.

今回の展示はこれまでにない規模だそうで、私はぜひじっくり見たいと思っている。

類似表現 成 史无前例 shǐ wú qián lì 「歴史に前例がない」

36 qíng bú zì jīn
情不自禁　　　　　　思わず

用例 看了这部感人的电影，她情不自禁地流下了眼泪。
Kànle zhèi bù gǎnrén de diànyǐng, tā qíng bú zì jīn de liúxiale yǎnlèi.

彼女はこの感動的な映画を見て、思わず涙を流した。

類似表現 成 不由自主 bù yóu zì zhǔ 「知らず知らずのうち」

37 rù xiāng suí sú
入乡随俗　　　　郷に入っては郷に従え

用例 我到了日本以后也入乡随俗，开始吃起了生鱼片。
Wǒ dàole Rìběn yǐhòu yě rù xiāng suí sú, kāishǐ chīqǐle shēngyúpiàn.

私は日本に来てからは、郷に入れば郷に従えで、刺身を食べるようになった。

類似表現 成 入乡随乡 rù xiāng suí xiāng 「郷に入っては郷に従え」

---

38 shí shì qiú shì
实事求是　　　　実践のなかから真理を追求する（→P.142）

用例 不管做任何事都要实事求是，不可睁一只眼，闭一只眼。
Bùguǎn zuò rènhé shì dōu yào shí shì qiú shì, bùkě zhēng yì zhī yǎn, bì yì zhī yǎn.

どのようなことを行うときも実情にあわせてやるべきで、いい加減にしてはならない。

参考表現 成 脚踏实地 jiǎo tà shí dì 「手堅く着実である」

---

39 shǒu máng jiǎo luàn
手忙脚乱　　　　てんてこ舞いする（→P.164）

用例 只要事先做好充分的准备，就不会手忙脚乱了。
Zhǐyào shìxiān zuòhǎo chōngfèn de zhǔnbèi, jiù bú huì shǒu máng jiǎo luàn le.

事前に十分な準備さえしておけば、慌てふためくことはないはずだ。

参考表現 慣 团团转 tuántuánzhuàn 「ぐるぐる回る／てんてこ舞いする」（→P.35）

---

40 tiān rǎng zhī bié
天壤之别　　　　雲泥の差（→P.148）

用例 别看她们俩是双胞胎，在个性上却有天壤之别。
Biékàn tāmen liǎ shì shuāngbāotāi, zài gèxingshang què yǒu tiān rǎng zhī bié.

彼女たち2人は双子とは言うものの、性格は月とスッポンほどに違う。

反対表現 成 大同小异 dà tóng xiǎo yì 「大同小異／大体同じである」（→P.148）

41 tiān yá hǎi jiǎo
天涯海角　　　　大変遠いところの例え

用例 现在通信技术发达，即使远在天涯海角，也能马上取得联系。
Xiànzài tōngxìn jìshù fādá, jíshǐ yuǎn zài tiān yá hǎi jiǎo, yě néng mǎshàng qǔdé liánxì.

現在は通信技術が発達し、地の果てのような遠方でも、すぐに連絡をとることができる。

類似表現 **成** 天南地北 tiān nán dì běi 「非常に遠く隔たっているさま」

---

42 tiān yóu jiā cù
添油加醋　　　話に尾ひれをつけたり
　　　　　　　　　　誇張したりする

用例 他这个人说话总免不了要添油加醋，不可以全信。
Tā zhèi ge rén shuō/huà zǒng miǎnbuliǎo yào tiān yóu jiā cù, bù kěyǐ quán xìn.

あいつの話はいつも誇張されているので、すべてをうのみにしてはいけない。

類似表現 **成** 添枝加叶 tiān zhī jiā yè 「大げさに話すこと」

---

43 tiě miàn wú sī
铁面无私　　　公正で情実にとらわれない (→P.148)

用例 这位法官办案铁面无私，拉关系、送人情是不管用的。
Zhèi wèi fǎguān bàn/àn tiě miàn wú sī, lā guānxì、sòng rénqíng shì bù guǎn/yòng de.

この裁判官は公正で情実にとらわれないので、コネも付け届けも効き目がない。

類似表現 **成** 大公无私 dà gōng wú sī 「公平無私／少しも私心がない」 (→P.148)

---

44 tū fēi měng jìn
突飞猛进　　　めざましく進歩、発展する

用例 近年来"对外汉语教学"的发展突飞猛进、一日千里。
Jìnniánlái "duìwài Hànyǔ jiàoxué" de fāzhǎn tū fēi měng jìn、yí rì qiān lǐ.

近年「外国人向けの中国語教育」は急速な広がりをみせ、大いに発展している。

類似表現 **成** 一日千里 yí rì qiān lǐ 「進歩、発展の速いこと」

45 tuō yǐng ér chū
脱颖而出　才能が現れる（→P.155）

用例 **他在众多的竞争者当中脱颖而出，被推选为本届的代表。**
Tā zài zhòngduō de jìngzhēngzhě dāngzhōng tuō yǐng ér chū, bèi tuīxuǎn wéi běnjiè de dàibiǎo.

彼は大勢の競争相手の中から頭角を現し、今期の代表に選出された。

類似表現 慣 **露头角** lù tóujiǎo「頭角を現す」（→P.155）

46 wáng yáng bǔ láo
亡羊补牢　失敗しても手当てをすれば間に合う

用例 **虽然这次考得不理想，亡羊补牢、加紧努力，仍然有希望的。**
Suīrán zhèi cì kǎode bù lǐxiǎng, wáng yáng bǔ láo, jiājǐn nǔ/lì, réngrán yǒu xīwàng de.

今回の試験が不本意な結果でも、失敗を反省してより一層努力すれば、まだ望みはある。

反対表現 成 **未雨绸缪** wèi yǔ chóu móu「事前に準備しておくことの例え」

47 wēi bù zú dào
微不足道　全く取り上げる価値がない

用例 **我们为残疾人做的这些太微不足道了，不值得一提。**
Wǒmen wèi cánjírén zuò de zhèi xiē tài wēi bù zú dào le, bù zhí/de yì tí.

私たちが障害者のためにしたことはほんのささいなことで、話題にされるほどではない。

反対表現 成 **举足轻重** jǔ zú qīng zhòng「重大な鍵を握っている」

48 wú kě hòu fēi
无可厚非　むやみに責めるわけにもいかない

用例 **对他来说这是第一次，就算不会也是无可厚非的。**
Duì tā lái shuō zhè shì dìyī cì, jiùsuàn bú huì yě shì wú kě hòu fēi de.

彼にとってはこれが初めてなのだから、たとえできなくても非難するほどのことでもない。

類似表現 成 **情有可原** qíng yǒu kě yuán「許すべき事情がある」

㊾ wú wēi bú zhì
无微不至 　　　　　　至れり尽くせり

用例 他对卧病在床的母亲照顾得无微不至，是个没的挑的孝子。
Tā duì wòbìng zài chuáng de mǔqīn zhàogùde wú wēi bú zhì, shì ge méi de tiāo de xiàozǐ.

彼は病床の母親をとても手厚く看病していて、孝行息子として申し分ない。

反対表現 成 漠不关心 mò bù guān xīn 「全く無関心である」

㊿ wǔ huā bā mén
五花八门 　　　　　　多種多様である（→P.71）

用例 这家购物中心的商品种类五花八门，令人目不暇接。
Zhèi jiā gòuwù zhōngxīn de shāngpǐn zhǒnglèi wǔ huā bā mén, lìng rén mù bù xiá jiē.

このショッピングセンターは商品の種類が非常に多く、目移りしてしまうほどだ。

反対表現 成 一成不变 yì chéng bú biàn 「いつまでも同じである」

51 xí yǐ wéi cháng
习以为常 　　　　　　慣れて当たり前のことになる

用例 刚开始的时候还不太习惯，日子一久大家也就习以为常了。
Gāng kāishǐ de shíhou hái bútài xíguàn, rìzi yì jiǔ dàjiā yě jiù xí yǐ wéi cháng le.

始めの時はあまり慣れなかったが、日がたつにつれみな慣れて当たり前のことになった。

類似表現 成 司空见惯 sī kōng jiàn guàn 「日常茶飯事である」

52 xǐ xīn yàn jiù
喜新厌旧 　　　　　　飽きっぽくて気が変わりやすい
　　　　　　　　　　　　　　　　　　　　（→P.85）

用例 还真没看出来，他竟然是一个喜新厌旧的男人。
Hái zhēn méi kànchūlái, tā jìngrán shì yí ge xǐ xīn yàn jiù de nánrén.

彼がまさかあんなにすぐ心変わりするような男だとは、本当に意外だった。

類似表現 成 见异思迁 jiàn yì sī qiān 「意志が弱く、すぐ心移りする」（→P.85）

136

(53) 弦外之音 xiánwài zhī yīn

言葉の裏の意味 (→P.162)

用例 **你干脆就直说吧！我真的猜不出你的弦外之音来。**
Nǐ gāncuì jiù zhíshuō ba! Wǒ zhēn de cāibuchū nǐ de xián wài zhī yīn lái.

はっきり言ってくださいよ！　あなたの真意は私には全く推し量れません。

類似表現 成 言外之意 yán wài zhī yì「言外の意味／本心」(→P.162)

(54) 相辅相成 xiāng fǔ xiāngchéng

互いに補完し合う

用例 **在汉语的学习中，听和说是相辅相成的。**
Zài Hànyǔ de xuéxí zhōng, tīng hé shuō shì xiāng fǔ xiāng chéng de.

中国語の学習においては、聞くことと話すことは相互補完の関係である。

類似表現 成 相得益彰 xiāng dé yì zhāng「双方相まってますます引き立つ」

(55) 小心翼翼 xiǎoxīn yì yì

注意深いさま (→P.126)

用例 **护士小心翼翼地将病人从床上扶了下来。**
Hùshi xiǎo xīn yì yì de jiāng bìngrén cóng chuángshang fúle xiàlai.

看護師はとても慎重に患者を支え、ベッドから降ろした。

反対表現 成 粗心大意 cū xīn dà yì「そそっかしくて、いい加減である」(→P.126)

(56) 心灰意懒 xīn huī yì lǎn

意気消沈する

用例 **人生不如意事十之八九，不要因一时的挫折而心灰意懒。**
Rénshēng bùrúyì shì shí zhī bā jiǔ, búyào yīn yìshí de cuòzhé ér xīn huī yì lǎn.

人生は十中八九が思い通りにならないのだから、ちょっとした失敗でくじけてはいけない。

類似表現 成 心灰意冷 xīn huī yì lěng「すっかりしょげ返る」

57 心旷神怡 xīn kuàng shén yí 　　　気分がさわやかである

用例 这趟台湾的环岛旅游，沿途风光明媚，令人心旷神怡
Zhèi tàng Táiwān de huándǎo lǚyóu, yántú fēngguāng míngmèi, lìng rén xīn kuàng shén yí.

今回の台湾一周旅行は道中の景色がとても美しく、<u>すがすがしい気持ち</u>になった。

反対表現 成 心烦意乱 xīn fán yì luàn 「心がもだえ乱れる」

---

58 兴高采烈 xìng gāo cǎi liè 　　　大喜びである

用例 听到申奥成功的消息，大家无不兴高采烈地欢呼了起来。
Tīngdào shēn'ào chénggōng de xiāoxi, dàjiā wúbú xìng gāo cǎi liè de huānhūle qǐlai.

オリンピック招致成功の知らせを聞き、<u>喜びのあまり</u>、歓声をあげない者はいなかった。

類似表現 成 欢天喜地 huān tiān xǐ dì 「有頂天になる」

---

59 胸有成竹 xiōng yǒu chéng zhú 　　　勝算があることの例え

用例 我胸有成竹地回答了评审委员所提问的每个问题。
Wǒ xiōng yǒu chéng zhú de huídále píngshěn wěiyuán suǒ tíwèn de měi ge wèntí.

私は<u>自信たっぷりに</u>、審査員の出す質問に一つ一つ答えた。

類似表現 成 成竹在胸 chéng zhú zài xiōng 「自信がある」

---

60 栩栩如生 xǔ xǔ rú shēng 　　　生き生きして真に迫っている

用例 蜡像馆里的蜡像个个栩栩如生，让人分不出真假。
Làxiàngguǎnli de làxiàng gègè xǔ xǔ rú shēng, ràng rén fēnbuchū zhēnjiǎ.

ろう人形館のろう人形はどれもまるで<u>生きているよう</u>で、本物と見分けがつかない。

類似表現 成 惟妙惟肖 wéi miào wéi xiào 「本物にそっくりである」

61 xuě zhōng sòng tàn
雪中送炭　　　　急場を助ける（→P.153）

用例　当别人有困难时，我们应该雪中送炭，万万不可落井下石。
Dāng biéren yǒu kùnnan shí, wǒmen yīnggāi xuě zhōng sòng tàn, wànwàn bùkě luò jǐng xià shí.

人が困っているときは救いの手を差し伸べるべきで、追い打ちをかけるなどもっての外だ。

反対表現　成　落井下石　luò jǐng xià shí「弱みにつけこんで追い打ちをかける」

---

62 yā què wú shēng
鸦雀无声　　　　静まり返っているさま

用例　图书馆里鸦雀无声，只见学生们在埋头拼命地学习。
Túshūguǎnli yā què wú shēng, zhǐ jiàn xuéshengmen zài mái/tóu pīnmìngde xuéxí.

図書館内は静寂で物音一つせず、学生たちがひたすら懸命に勉強している。

類似表現　成　万籁俱寂　wàn lài jù jì「物音一つせず」

---

63 Yè láng zì dà
夜郎自大　　　　身の程知らず

用例　这孩子没大没小的，这种夜郎自大的毛病非改不可。
Zhè háizi méi dà méi xiǎo de, zhèi zhǒng Yè láng zì dà de máobing fēi gǎi bùkě.

この子の、目上を立てず身の程を知らないという態度は直さなければならない。

参考表現　慣　癞蛤蟆想吃天鹅肉　làiháma xiǎng chī tiān'é ròu
「身の程知らず／身分不相応の恋をする（男性のみの表現）」（→P.38）

---

64 yì chén bù rǎn
一尘不染　　　　ほこり一つなく大変清潔である

用例　她的房间总是收拾得干干净净、一尘不染。
Tā de fángjiān zǒngshi shōushide gānganjìngjìng, yì chén bù rǎn.

彼女の部屋はいつもきちんときれいに片付いていて、ほこり一つなく大変清潔だ。

反対表現　成　乱七八糟　luàn qī bā zāo「めちゃくちゃである」（→P.51/P.61）

65 yì míng jīng rén
一鸣惊人
ひとたび事を始めれば人を驚かす
（→P.162）

用例 **她在日本默默无闻，来到中国后竟一鸣惊人，走红歌坛。**
Tā zài Rìběn mò mò wú wén, láidào Zhōngguó hòu jìng yì míng jīng rén, zǒuhóng gētán.

彼女は日本では無名だったが、中国に来てから一躍名を馳せ、歌謡界のスターとなった。

類似表現 成 **一举成名** yì jǔ chéng míng
「一挙に名を成す／たちまち有名になる」（→P.162）

66 yì yán wéi dìng
一言为定
約束したら必ず守ること（→P.153）

用例 **就这么一言为定了，明天下午三点，不见不散！**
Jiù zhème yì yán wéi dìng le, míngtiān xiàwǔ sān diǎn, bú jiàn bú sàn!

明日の午後3時ね。約束したからには会うまで絶対に帰りませんよ！

反対表現 成 **出尔反尔** chū ěr fǎn ěr 「ころころ態度が変わる」

67 yì rú fǎn zhǎng
易如反掌
朝飯前／掌を返す

用例 **我不是在放空炮，这件事可以说是易如反掌，就看我的了！**
Wǒ bú shì zài fàng kōngpào, zhèi jiàn shì kěyǐ shuō shì yì rú fǎn zhǎng, jiù kàn wǒ de le!

大ぼらじゃありません、この件くらい朝飯前ですよ、私に任せてください！

類似表現 成 **轻而易举** qīng ér yì jǔ 「極めてたやすくできる」（→P.91/P.126）

68 yóu zuǐ huá shé
油嘴滑舌
口先だけ巧みで実がない

用例 **我是过来人，那个推销员说话油嘴滑舌的，肯定靠不住。**
Wǒ shì guòláirén, nèi ge tuīxiāoyuán shuō/huà yóu zuǐ huá shé de, kěndìng kàobuzhù.

私は経験済みだからね、あのセールスマンの話は口先ばかりで、絶対信用できないよ。

類似表現 成 **油腔滑调** yóu qiāng huá diào 「口先ばかりで調子がよい」

69 yǒu shǐ yǒu zhōng
有始有终
終始一貫している （→P.152）

用例 **不管做任何工作都要有始有终，虎头蛇尾最要不得。**
Bùguǎn zuò rènhé gōngzuò dōu yào yǒu shǐ yǒu zhōng, hǔ tóu shé wěi zuì yàobude.

どのような仕事であっても終始一貫すべきで、竜頭蛇尾は最もよくない。

反対表現 成 **虎头蛇尾** hǔ tóu shé wěi
「竜頭蛇尾／始めは勢いがよくても終わりは振るわないこと」 （→P.152）

70 yǔ zhòng xīn cháng
语重心长
言葉が丁寧で思いやりが深い

用例 **在我赴日留学的那天，父亲语重心长地对我说了许多话。**
Zài wǒ fù Rì liú/xué de nèi tiān, fùqin yǔ zhòng xīn cháng de duì wǒ shuōle xǔduō huà.

私が日本に留学する日、父は私のことを気にかけて多くのことを語ってくれた。

参考表現 成 **苦口婆心** kǔ kǒu pó xīn 「老婆心ながらくどくど忠告する」 （→P.86）

71 yuǎn zǒu gāo fēi
远走高飞
遠い所へ逃れる

用例 **歹徒把钱骗到手后，早就远走高飞、去向不明了。**
Dǎitú bǎ qián piàndào shǒu hòu, zǎojiù yuǎn zǒu gāo fēi、qùxiàng bùmíng le.

悪者は金をだまし取ると、さっさと高飛びし、行方をくらましました。

類似表現 成 **逃之夭夭** táo zhī yāo yāo 「さっさと逃げ去る」

72 zá luàn wú zhāng
杂乱无章
乱れていて秩序がない

用例 **办公桌上杂乱无章地堆满了各类文件资料。**
Bàngōngzhuōshang zá luàn wú zhāng de duīmǎnle gèlèi wénjiàn zīliào.

事务机の上は、さまざまな書類や資料でぐちゃぐちゃに散らかっている。

反対表現 成 **井井有条** jǐng jǐng yǒu tiáo 「整然としている」

73 zhān qián gù hòu
瞻前顾后　　　　慎重すぎて決めかねる

用例　他太过于谨慎，做起事来瞻前顾后，没有魄力。
Tā tài guòyú jǐnshèn, zuòqǐ shì lai zhān qián gù hòu, méiyǒu pòlì.

彼は慎重すぎて、何かやろうとしても踏ん切りが悪く、決断力に欠ける。

類似表現　慣　前怕狼，后怕虎 qián pà láng, hòu pà hǔ
　　　　　　　　　「びくびくして一歩も進めないことの例え」（→P.114）

74 zhāng dēng jié cǎi
张灯结彩　　　　祝賀でにぎわう様子

用例　春节期间，大街小巷到处都张灯结彩，好不热闹。
Chūn Jié qījiān, dàjiē xiǎoxiàng dàochù dōu zhāng dēng jié cǎi, hǎobú rènao.

春節の期間中は、町中至るところがにぎやかに飾られ、大変な熱気である。

参考表現　成　锣鼓喧天 luó gǔ xuān tiān
　　　　　　　　　「どらや太鼓の音が鳴り響き、大変にぎやかな例え」

75 zhāng kǒu jié shé
张口结舌　　　　言葉が詰まり、しどろもどろになる

用例　我一紧张就张口结舌地说不出话来，常常下不来台。
Wǒ yì jǐnzhāng jiù zhāng kǒu jié shé de shuōbuchū huà lái, chángcháng xiàbulái tái.

私はいったん緊張すると言葉に詰まって話ができず、よくばつの悪い思いをする。

反対表現　成　口若悬河 kǒu ruò xuán hé「滔滔としゃべる」（→P.57）

76 zhǐ shàng tán bīng
纸上谈兵　　　　机上の空論

用例　理论固然重要，但必须结合实际，不能光纸上谈兵。
Lǐlùn gùrán zhòngyào, dàn bìxū jiéhé shíjì, bù néng guāng zhǐ shàng tán bīng.

理論は当然重要だが、現実と結びつけるべきで、机上の空論だけで終わってはならない。

反対表現　成　实事求是 shí shì qiú shì
　　　　　　　　　「実践のなかから真理を追究する」（→P.133）

77 zhǐ lù wéi mǎ
指鹿为马　　　正しいことと誤ったことを
　　　　　　　　　転倒させる（→P.148）

用例 **有人说话喜欢指鹿为马、黑白不分，最后是站不住脚的。**
Yǒu rén shuō/huà xǐhuan zhǐ lù wéi mǎ、hēibái bù fēn, zuìhòu shì zhànbuzhù jiǎo de.

話の是非を転倒させたり、善悪を区別したりしない人は、最後には言い繕えなくなる。

類似表現 成 **颠倒是非** diān dǎo shì fēi
　　　　　　　　　　「是非を転倒させる／善悪を逆転させる」（→P.148）

78 zhì tóng dào hé
志同道合　　　意気投合する／うまが合う

用例 **他们俩志同道合，大学毕业后就共同创办了一家公司。**
Tāmen liǎ zhì tóng dào hé, dàxué bì/yè hòu jiù gòngtóng chuàngbànle yì jiā gōngsī.

彼ら2人は意気投合し、大学卒業後、すぐに共同で会社を立ち上げた。

参考表現 慣 **坐一条板凳** zuò yì tiáo bǎndèng 「観点や立場が同じであること」

79 zhòng zhì chéng chéng
众志成城　　　団結すればどんな困難も克服できる

用例 **只要大家努力练习，众志成城，这场比赛一定会赢。**
Zhǐyào dàjiā nǔ/lì liànxí, zhòng zhì chéng chéng, zhèi chǎng bǐsài yídìng huì yíng.

みなが努力して練習し、力を合わせれば、今度の試合に必ず勝てるはずだ。

反対表現 成 **一盘散沙** yì pán sǎn shā 「ばらばらでまとまりのないことの例え」

80 zì yán zì yǔ
自言自语　　　独り言を言う（→P.147）

用例 **又来了！一个人自言自语的，你到底想说什么?**
Yòu lái le! Yí ge rén zì yán zì yǔ de, nǐ dàodǐ xiǎng shuō shénme?

また始まった！　ぶつぶつ独り言を言って、あなたは一体何が言いたいのですか?

参考表現 慣 **唱独角戏** chàng dújiǎoxì 「独り芝居をする」（→P.147）

●日本語⇔中国語の落とし穴

　中国語を学習していく際に、同じ漢字文化圏である日本人は、中国語の語彙は日本語をそのまま中国語に直せばよいと思いがちですが、思わぬ落とし穴があります。例えば、日本語の「紹介」は中国語で介绍と言います。意味はほぼ等しいですが、前後の文字の順番が逆になっています。このような日中の逆順語彙の言葉はたくさんあり、以下にまとめました。

搬运 bānyùn	運搬	半夜 bànyè	夜半	报时 bàoshí	時報			
病发 bìngfā	発病	采伐 cǎifá	伐採	称呼 chēnghu	呼称			
钢铁 gāngtiě	鉄鋼	骨气 gǔqì	気骨	黑暗 hēi'àn	暗黒			
花草 huācǎo	草花	减轻 jiǎnqīng	軽減	阶段 jiēduàn	段階			
介绍 jièshào	紹介	考选 kǎoxuǎn	選考	狂热 kuángrè	熱狂			
粮食 liángshi	食糧	买卖 mǎimai	売買	面额 miàn'é	額面			
命运 mìngyùn	運命	牌位 páiwèi	位牌	朴素 pǔsù	素朴			
设施 shèshī	施設	始终 shǐzhōng	終始	士兵 shìbīng	兵士			
收买 shōumǎi	買収	缩短 suōduǎn	短縮	通融 tōngróng	融通			
痛苦 tòngkǔ	苦痛	脱离 tuōlí	離脱	限制 xiànzhì	制限			
畜牧 xùmù	牧畜	药丸 yàowán	丸薬	吟诗 yínshī	詩吟			
拥抱 yōngbào	抱擁	侦探 zhēntàn	探偵	直率 zhíshuài	率直			

导盲犬 dǎomángquǎn	盲導犬
工商业 gōngshāngyè	商工業
进行曲 jìnxíngqǔ	行進曲
多才多艺 duō cái duō yì	多芸多才
堂堂正正 táng táng zhèng zhèng	正正堂堂
贤妻良母 xián qī liáng mǔ	良妻賢母
妇产科 fùchǎnkē	産婦人科
贺年片(卡) hèniánpiàn(kǎ)	年賀状
轻重伤 qīngzhòngshāng	重軽傷
三言两语 sān yán liǎng yǔ	二言三言
团结一致 tuánjié yízhì	一致団結
中小学生 zhōngxiǎo xuéshēng	小中学生

パート6

中国語と日本語の類似表現

报一箭之仇

❶ 慣 八九不离十 （→P.66）　類似表現 → 成 十有八九

bā jiǔ bù lí shí

（→P.67/P.159）

訳 十中八九／ほぼ間違いない

じっちゅうはっく

---

❷ 成 百发百中

bǎi fā bǎi zhòng

訳 百発百中

---

❸ 成 百闻不如一见

bǎi wén bù rú yí jiàn

訳 百聞は一見にしかず

---

❹ 成 半信半疑

bàn xìn bàn yí

訳 半信半疑

---

❺ 慣 报一箭之仇　参考表現 → 成 恩将仇报 （→P.90）

bào yí jiàn zhī chóu

訳 一矢を報いる／仕返しする

いっし

---

❻ 成 暴饮暴食　参考表現 → 成 狼吞虎咽 （→P.130）

bào yǐn bào shí

訳 暴飲暴食する

---

❼ 成 表里如一

biǎo lǐ rú yī

訳 裏表がなく言行一致している

げんこういっち

---

❽ 成 不可思议 （→P.98）　参考表現 → 成 大惊小怪 （→P.37）

bù kě sī yì

訳 不思議である

ふしぎ

9 成 不胜枚举
bú shèng méi jǔ

訳 枚挙にいとまがない
まいきょ

---

10 慣 擦屁股
cā pì gu

訳 尻ぬぐいをする／後始末をする

---

11 慣 唱独角戏
chàng dú jiǎo xì

参考表現 ➡ 成 自言自语 （→P.143）

訳 独り芝居をする

---

12 慣 唱反调
chàng fǎn diào

訳 反対の論調を唱える

---

13 成 赤手空拳
chì shǒu kōng quán

訳 徒手空拳／手に何も持たないこと
と しゅくうけん

---

14 慣 出主意 （→P.105）
chū zhǔ yi

訳 アイディアを出す／対策を提案する

---

15 慣 吹牛(皮)
chuī niú pí

類似表現 ➡ 慣 夸海口 （→P.154）

訳 ほらを吹く／大げさに言う

---

16 慣 打算盘
dǎ suàn pan

参考表現 ➡ 成 精打细算 （→P.41）

訳 そろばんをはじく／損得を計算する

---

17 慣 **打头阵** _{dǎ tóu zhèn}

訳 先頭に立つ

---

18 成 **大公无私** _{dà gōng wú sī}　類似表現 → 成 铁面无私（→P.134）

訳 公平無私／少しも私心がない
（こうへいむし）

---

19 成 **大同小异** _{dà tóng xiǎo yì}　反対表現 → 成 天壤之别（→P.133）

訳 大同小異／大体同じである
（だいどうしょうい）

---

20 成 **单刀直入** _{dān dāo zhí rù}　類似表現 → 成 直截了当（→P.76/P.81）

訳 単刀直入／前置きがなく、すぐ要点に入る

---

21 成 **当务之急**（→P.76） _{dāng wù zhī jí}

訳 当面の急務／今急いでやらなければならないこと

---

22 成 **颠倒是非** _{diān dǎo shì fēi}　類似表現 → 成 指鹿为马（→P.143）

訳 是非を転倒させる／善悪を逆転させる

---

23 成 **电光石火** _{diàn guāng shí huǒ}

訳 電光石火／きわめて短い時間
（でんこうせっか）

---

24 慣 **顶梁柱** _{dǐng liáng zhù}　参考表現 → 慣 挑大梁（→P.92）

訳 大黒柱／中心となる人物

㉕ 慣 **丢面子** diū miàn zi 参考表現 ➡ 慣 爱面子 （→P.94）

訳 メンツを失う

㉖ 成 **独一无二** dú yī wú èr

訳 唯一無二／ただ一つしかない

㉗ 成 **多才多艺**（→P.144） duō cái duō yì 反対表現 ➡ 成 一无所长（→P.127）

訳 多芸多才

㉘ 慣 **对着干** duì zhe gàn

訳 対抗する（相手と逆の行動）／張り合う（相手と同じ行動）

㉙ 慣 **翻白眼** fān bái yǎn

訳 怒りなどで白目をむく／危篤状態で白目をむく

㉚ 慣 **费唇舌** fèi chún shé 類似表現 ➡ 慣 说破嘴（→P.86）

訳 言葉を費やす／口が酸っぱくなるほど言う

㉛ 成 **废寝忘食** fèi qǐn wàng shí

訳 寝食を忘れる

㉜ 成 **风云人物** fēng yún rén wù

訳 風雲児／大活躍する人物

33 成 fū chàng fù suí
夫唱妇随 (→P.21)

訳 ふ しょう ふ ずい
夫唱婦随／仲むつまじい夫婦

---

34 成 gān dǎn xiāng zhào
肝胆相照

訳 かんたんあい て
肝胆相照らす／親密な友情の例え

---

35 慣 gǎn shí máo
赶时髦

訳 流行を追う

---

36 成 gé qiáng yǒu ěr
隔墙有耳 (→P.32)

訳 壁に耳あり、障子に目あり

---

37 成 gǔ jīn Zhōng wài
古今中外

訳 ここんとうざい
古今東西／昔から今まで、中国から世界中に至るまで

---

38 成 guāng míng zhèng dà
光明正大

訳 こうめいせいだい
公明正大である／公平で私心がなく、正しく物事を行うさま

---

39 成 guāng yīn sì jiàn
光阴似箭

訳 こういん
光陰矢のごとし

---

40 成 hǎi shì shèn lóu
海市蜃楼

訳 しん き ろう
蜃気楼／幻のものの例え

41 成 **好事多磨**
hǎo shì duō mó

訳 好事魔多し／よいことには邪魔が入りやすい
こうじ ま おお

---

42 慣 **好说话**
hǎo shuō huà

訳 話しやすい／気さくである

---

43 成 **鹤立鸡群**　類似表現 → 成 出类拔萃（→P.126）
hè lì jī qún

訳 鶏群の一鶴／掃きだめに鶴
けいぐん いっかく は

---

44 成 **后顾之忧**
hòu gù zhī yōu

訳 後顧の憂い／後々の心配
こうこ うれ

---

45 慣 **后悔药**
hòu huǐ yào

訳 後悔を治す薬（「後悔先に立たず」という文脈で使う）

---

46 慣 **厚脸皮**
hòu liǎn pí

訳 面の皮が厚いこと／厚かましい
つら

---

47 成 **厚颜无耻**　類似表現 → 慣 不要脸（→P.104）
hòu yán wú chǐ

訳 厚顔無恥／厚かましくて恥知らず
こうがん む ち

---

48 成 **狐假虎威**
hú jiǎ hǔ wēi

訳 虎の威を借る狐／力のある者に頼り威張り散らす

パート
6
中国語と日本語の類似表現

49 成 hǔ shì dān dān 虎视眈眈

訳 こ し たんたん 虎視眈々／じっとチャンスを狙うさま

---

50 成 hǔ tóu shé wěi 虎头蛇尾　　反対表現 ➡ 成 有始有终 （→P.141）

訳 りゅうとう だ び 竜頭蛇尾／始めは勢いがよくても終わりは振るわないこと

---

51 成 huà lóng diǎn jīng 画龙点睛

訳 が りょうてんせい 画竜点睛／物事の完成に不可欠な最後の大事な仕上げ

---

52 成 huà shé tiān zú 画蛇添足　　類似表現 ➡ 成 多此一举 （→P.78/P.100）

訳 だ そく 蛇足／なくてもよいものをつけ足す

---

53 慣 huó zì diǎn 活字典　　反対表現 ➡ 慣 大老粗 （→P.107）

訳 生き字引／物知り

---

54 成 huǒ shàng jiā yóu 火上加油

訳 火に油を注ぐ

---

55 成 jì yì yóu xīn 记忆犹新

訳 記憶にまだ新しい

---

56 成 jiā cháng biàn fàn 家常便饭

訳 にちじょうさ はん じ 日常茶飯事

57 慣 交学费
<small>jiāo xué fèi</small>

訳 授業料を払う／貴重な教訓を得る

---

58 成 津津有味
<small>jīn jīn yǒu wèi</small>

訳 興味津々
<small>きょうみ しんしん</small>

---

59 成 锦上添花
<small>jǐn shàng tiān huā</small>
参考表現 → 成 雪中送炭（→P.139）

訳 錦上に花を添える／立派なものをさらに立派にする
<small>きんじょう</small>

---

60 成 井底之蛙(不知大海)
<small>jǐng dǐ zhī wā　bù zhī dà hǎi</small>
類似表現 → 成 孤陋寡闻（→P.129）

訳 井の中の蛙（大海を知らず）
<small>かわず</small>

---

61 成 九牛一毛
<small>jiǔ niú yì máo</small>

訳 九牛の一毛／比較できないほどわずかなこと
<small>きゅうぎゅう　いちもう</small>

---

62 成 九死一生
<small>jiǔ sǐ yì shēng</small>

訳 九死に一生を得る／かろうじて命が助かる

---

63 成 卷土重来
<small>juǎn tǔ chóng lái</small>

訳 捲土重来／もう一度巻き返す
<small>けん ど ちょうらい</small>

---

64 慣 开空头支票（→P.165）
<small>kāi kōng tóu zhī piào</small>
反対表現 → 成 一言为定（→P.140）

訳 空手形を切る／できない約束をする

---

65 慣 **空城计**
kōng chéng jì

訳 空城の計／もぬけの殻
くうじょう けい

66 慣 **夸海口**　類似表現 ➡ 慣 吹牛(皮)（→P.147）
kuā hǎi kǒu

訳 大口をたたく／ほらを吹く

67 成 **脍炙人口**
kuài zhì rén kǒu

訳 人口に膾炙する／広く人々に知れわたること
じんこう　かいしゃ

68 慣 **拉后腿**
lā hòu tuǐ

訳 足を引っ張る／人の邪魔をする

69 慣 **老狐狸**
lǎo hú li

訳 古だぬき／ずる賢い人の例え

70 慣 **里程碑**
lǐ chéng bēi

訳 里程標／一里塚
りていひょう　いちりづか

71 成 **理所当然**
lǐ suǒ dāng rán

訳 理の当然／道理にかなって当たり前のことである
り

72 成 **流言蜚语**
liú yán fēi yǔ

訳 流言飛語／事実無根のうわさ
りゅうげん ひ ご

73 慣 留一手
liú yì shǒu

訳 奥の手を残しておく／技術やこつを全部は教えない

---

74 成 龙争虎斗
lóng zhēng hǔ dòu
参考表現 ▶ 成 你死我活（→P.156）

訳 竜虎相搏つ／激しく争うことの例え
りゅう こ あい う

---

75 慣 露马脚
lòu mǎ jiǎo

訳 馬脚を現す
ば きゃく

---

76 慣 露一手
lòu yì shǒu

訳 腕前を披露する／腕前を見せる

---

77 慣 露头角
lù tóu jiǎo
類似表現 ▶ 成 脱颖而出（→P.135）

訳 頭角を現す
とうかく

---

78 慣 乱了套
luàn le tào

訳 秩序が乱れて、混乱をきたすさま

---

79 成 马耳东风
mǎ ěr dōng fēng
類似表現 ▶ 慣 耳边风（→P.107）

訳 馬耳東風／他人の意見、忠告を聞き流すこと
ば じ とうふう

---

80 成 名胜古迹
míng shèng gǔ jì

訳 名所旧跡

パート⑥ 中国語と日本語の類似表現

81 成 **你死我活** nǐ sǐ wǒ huó　　参考表現 → 成 龙争虎斗（→P.155）

訳 生きるか死ぬか／食うか食われるか

---

82 慣 **碰壁** pèng bì　　類似表現 → 慣 碰一鼻子灰（→P.53）　慣 碰钉子（→P.77）

訳 壁にぶつかる／行き詰まる

---

83 慣 **泼冷水** pō lěng shuǐ

訳 冷水を浴びせる／水をさす

---

84 成 **杞人忧天** Qǐ Rén yōu tiān　　類似表現 → 成 庸人自扰（→P.33）

訳 杞憂（きゆう）／取り越し苦労

---

85 成 **起死回生** qǐ sǐ huí shēng

訳 起死回生（きしかいせい）／今にも駄目になりそうなところを、よい状態に戻すこと

---

86 成 **千差万别** qiān chā wàn bié

訳 千差万別（せんさばんべつ）

---

87 成 **千里迢迢** qiān lǐ tiáo tiáo

訳 千里はるばる／道のりが遠いことの例え

---

88 成 **千篇一律** qiānpiān yí lù

訳 千篇一律（せんぺんいちりつ）／ワンパターンで変化に乏しい

---

89 成 千载难逢（→P.69） 参考表现 → 慣 过了这村没这店(儿)
（→P.22）

qiān zǎi nán féng

訳 千載一遇／めったにないチャンス
せんざいいちぐう

---

90 成 切磋琢磨

qiē cuō zhuó mó

訳 切磋琢磨する／互いに励まし合って向上に努める
せっ さ たく ま

---

91 成 轻举妄动（→P.25） 参考表现 → 成 掉以轻心（→P.36/P.75）

qīng jǔ wàng dòng

訳 軽挙妄動する／よく考えずに軽々しく行動する
けいきょもうどう

---

92 成 青梅竹马（→P.57）

qīng méi zhú mǎ

訳 竹馬の友／幼なじみ
ちく ば とも

---

93 成 取而代之

qǔ ér dài zhī

訳 取って代わる

---

94 成 人之常情

rén zhī cháng qíng

訳 人情の常
にんじょう つね

---

95 成 日新月异

rì xīn yuè yì

訳 日進月歩／絶えず進歩すること
にっしんげっ ぽ

---

96 成 如鱼得水

rú yú dé shuǐ

訳 水を得た魚のよう
うお

パート**6**
中国語と日本語の類似表現

157

97 成 弱肉強食
ruò ròu qiáng shí

訳 弱肉強食

---

98 成 塞翁失馬 （→P.29）　　類似表現 成 因禍得福 （→P.29）
sài wēng shī mǎ

訳 人間万事塞翁が馬／人生の吉凶は予測しがたい
にんげんばんじさいおう　うま

---

99 慣 三寸不烂之舌
sān cùn bú làn zhī shé

訳 舌先三寸／口達者
さんずん

---

100 成 三言两语 （→P.24／P.144）
sān yán liǎng yǔ

訳 二言三言
ふたことみこと

---

101 慣 杀风景
shā fēng jǐng

訳 殺風景／興ざめ
さっぷうけい

---

102 成 山清水秀 （→P.97）
shān qīng shuǐ xiù

訳 山紫水明／風景の美しいさま
さんしすいめい

---

103 成 山珍海味 （→P.34）　　類似表現 成 山珍海错 （→P.34）
shān zhēn hǎi wèi

訳 山海の珍味

---

104 成 身无分文
shēn wú fēn wén
類似表現 慣 穷光蛋 （→P.4）

訳 無一文になる
むいちもん

105 成 十有八九 (→P.67)　　　類似表現 ▶ 慣 八九不离十
shí yǒu bā jiǔ
　　　　　　　　　　　　　　　　　　　　　　（→P.66/P.71/P.146）
訳 ✓ 十中八九／大半
じっちゅうはっく

---

106 成 势如破竹
shì rú pò zhú
訳 ✓ 破竹の勢い／勢いが激しく止めることができない
はちく

---

107 成 世外桃源
shì wài táo yuán
訳 ✓ 桃源郷／ユートピア
とうげんきょう

---

108 成 数一数二 (→P.55)　　　参考表現 ▶ 成 名列前茅 (→P.131)
shǔ yī shǔ èr
訳 ✓ 一、二を争う／屈指の
くっし

---

109 慣 撕破脸(皮) (→P.115)
sī pò liǎn pí
訳 ✓ 互いのメンツをつぶす／仲たがいする

---

110 慣 死胡同(儿) (→P.116)
sǐ hú tòng r
訳 ✓ 袋小路／行き詰まることの例え

---

111 成 四面楚歌
sì miàn Chǔ Gē
訳 ✓ 四面楚歌／孤立無援である
しめんそか

---

112 慣 随大溜(儿)
suí dà liù r
訳 ✓ 流れに順応する／多数の人に合わせる

パート❻ 中国語と日本語の類似表現

113 成 随机应变
suí jī yìng biàn

反対表現 → 慣 一根筋（→P.119）

訳 臨機応変
りん き おう へん

---

114 成 天真烂漫
tiān zhēn làn màn

訳 天真爛漫／自然のまま作為のないこと
てんしんらんまん

---

115 慣 天知道
tiān zhī dao

訳 神のみぞ知る／誰にもわからない

---

116 成 同病相怜
tóng bìng xiāng lián

訳 同病相憐れむ／同じ苦しみをもつ者どうしが同情し合う
どうびょうあいあわ

---

117 成 同床异梦
tóng chuáng yì mèng

訳 同床異夢／同じことをやりながら違う考えをもつ
どうしょう い む

---

118 成 同甘共苦
tóng gān gòng kǔ

訳 苦楽を共にする

---

119 慣 玩儿命
wánr mìng

訳 命がけでやる／むちゃなことをする

---

120 成 温故知新
wēn gù zhī xīn

訳 温故知新
おん こ ち しん

---

121 成 吴越同舟
Wú Yuè tóng zhōu

訳 呉越同舟／敵対者同士が協力し合うこと
（ごえつどうしゅう）

122 成 五十步笑百步 (→P.26)
wǔ shí bù xiào bǎi bù

訳 五十歩百歩
（ごじっぽひゃっぽ）

123 成 喜出望外
xǐ chū wàng wài

訳 望外の喜び／思いがけない喜び
（ぼうがい）

124 成 喜怒哀乐
xǐ nù āi lè

訳 喜怒哀楽
（きどあいらく）

125 慣 先下手为强
xiān xià shǒu wéi qiáng

訳 先手必勝／早いもの勝ち

126 成 贤妻良母 (→P.5/P.92/P.144)
xián qī liáng mǔ

訳 良妻賢母
（りょうさいけんぼ）

127 慣 笑掉大牙
xiào diào dà yá

訳 あざけって大笑いする（能動態）／もの笑いの種になる（受動態）

128 成 新陈代谢
xīn chén dài xiè

訳 新陳代謝
（しんちんたいしゃ）

パート⑥ 中国語と日本語の類似表現

129 成 烟消云散
_{yān xiāo yún sàn}

訳 雲散霧消する／消えてなくなる

130 成 言外之意
_{yán wài zhī yì}
類似表現 → 成 弦外之音 （→P.137）

訳 言外の意味／本心

131 成 扬长避短
_{yáng cháng bì duǎn}

訳 長所を伸ばして、短所を抑える

132 成 衣锦还乡
_{yì jǐn huán xiāng}

訳 故郷に錦を飾る

133 成 一臂之力 （→P.51）
_{yí bì zhī lì}

訳 一臂の力／ちょっとした助力

134 成 一概而论 （→P.67）
_{yí gài ér lùn}

訳 一概に論じる／決めつける（多くは否定に用いる）

135 成 一举成名
_{yì jǔ chéng míng}
類似表現 → 成 一鸣惊人 （→P.140）

訳 一挙に名を成す／たちまち有名になる

136 成 一举两得
_{yì jǔ liǎng dé}
類似表現 → 成 一石二鸟 （→P.71/P.163）

訳 一挙両得／一石二鳥

162

137 成 一刻千金
yí kè qiān jīn

訳 一刻千金／時間のはなはだ貴重なこと
いっこくせんきん

---

138 慣 一口气
yì kǒu qì

訳 一気に

---

139 成 一目了然
yí mù liǎo rán

訳 一目瞭然
いちもくりょうぜん

---

140 成 一诺千金
yí nuò qiān jīn

反対表現 → 成 反复无常（→P.128）

訳 一諾千金／話に信用がおけること
いちだくせんきん

---

141 成 一石二鸟（→P.71）
yì shí èr niǎo

類似表現 → 成 一举两得（→P.162）

訳 一石二鳥／一挙両得
いっせきにちょう　いっきょりょうとく

---

142 成 一视同仁（→P.70）
yí shì tóng rén

類似表現 → 慣 一碗水端平（→P.119）

訳 一視同仁／平等に扱うこと
いっしどうじん

---

143 成 一心一意
yì xīn yí yì

訳 一心に／ひたすら

---

144 成 一衣带水
yì yī dài shuǐ

訳 一衣帯水／水で隔てられているが距離は近く、往来に便利なさま
いちいたいすい

145 成 一知半解　類似表現 ▶ 慣 半瓶醋 （→P.102）
yì zhī bàn jiě

訳 一知半解／生半可
いっちはんかい

146 成 异口同声　参考表現 ▶ 成 不约而同 （→P.126）
yì kǒu tóng shēng

訳 異口同音／口を揃えて同じことを言う
いくどうおん

147 成 应接不暇　参考表現 ▶ 成 手忙脚乱 （→P.133）
yìng jiē bù xiá

訳 応接に暇がない／忙しくて受け答えられない
おうせつ　いとま

148 成 优柔寡断　類似表現 ▶ 成 犹豫不决 （→P.30）
yōu róu guǎ duàn

訳 優柔不断
ゆうじゅうふだん

149 慣 有后台
yǒu hòu tái

訳 後ろ盾がある

150 慣 有眉目　反対表現 ▶ 慣 八字没一撇 （→P.65）
yǒu méi mu

訳 目鼻がつく／手掛かりをつかむ

151 成 雨后春笋
yǔ hòu chūn sǔn

訳 雨後の筍／新しい事物が次から次へと現れる
うご　たけのこ

152 成 赞不绝口 （→P.53）
zàn bù jué kǒu

訳 絶賛する

164

153 成 朝三暮四
zhāo sān mù sì

訳 朝三暮四／考えや態度がくるくる変わること

154 成 知足常乐
zhī zú cháng lè

訳 足るを知れば常に楽しい

155 成 众所周知　類似表現 ➡ 成 家喻户晓（→P.92）
zhòng suǒ zhōu zhī

訳 周知の通り

156 成 自暴自弃
zì bào zì qì

訳 自暴自棄になる／やけを起こす

157 成 自力更生
zì lì gēng shēng

訳 自力更生／自分の力で事を行う

158 成 自食其言　類似表現 ➡ 慣 开空头支票（→P.153）
zì shí qí yán

訳 食言する／言ったことを守らない

159 成 自由自在
zì yóu zì zài

訳 自由自在である

160 慣 走弯路
zǒu wān lù

訳 回り道をする／むだ骨を折る

パート6 中国語と日本語の類似表現

中国語索引

※"不"と"一"は変調があるため、
　その次の文字の声調順で掲載しています。

CD と同内容の音声をダウンロードできます

❶ PC・スマートフォンで音声ダウンロード用のサイトにアクセスします。

QR コード読み取りアプリを起動し左の QR コードを読み取ってください。
QR コードが読み取れない方はブラウザから
「http://audiobook.jp/exchange/sanshusha」にアクセスしてください。

❷ 表示されたページから、audiobook.jp への会員登録ページに進みます（既にアカウントをお持ちの方はログインしてください）。　　※ audiobook.jp への会員登録（無料）が必要です。

❸ 会員登録後❶のページに再度アクセスし、シリアルコードの入力欄に「04852」を入力して「送信」をクリックします。

❹「ライブラリに追加」のボタンをクリックします。

❺ スマートフォンの場合はアプリ「audiobook.jp」をインストールしてご利用ください。
PC の場合は、「ライブラリ」から音声ファイルをダウンロードしてご利用ください。

**新装版
中国語　四字成語・慣用表現800**

2020年 9 月30日　第 1 刷発行
2023年 2 月20日　第 2 刷発行

著　者　　林　怡州
　　　　　　リン　イ チョウ

発行者　　前田俊秀

発行所　　株式会社三修社

　　　　　〒 150-0001　東京都渋谷区神宮前 2-2-22
　　　　　TEL 03-3405-4511　FAX 03-3405-4522
　　　　　振替 00190-9-72758
　　　　　https://www.sanshusha.co.jp
　　　　　編集担当　北村英治

印刷・製本　倉敷印刷株式会社

©2020 Lin Yizhou　Printed in Japan

ISBN978-4-384-04852-0 C0087